U0057775

Catcher

一如《麥田捕手》的主角，
我們站在危險的崖邊，
抓住每一個跑向懸崖的孩子。
Catcher，是對孩子的一生守護。

希望教室

教孩子一生最受用的36種能力

POWER老師

蘇明進 著

名人推薦

（依姓名筆劃順序排列）

王銘煜（台中縣政府教育處處長）

李家同（靜宜、暨大、清大榮譽教授）

胡志強（台中市長）

洪蘭（中央大學認知神經科學所所長）

曾志朗（中央研究院院士）

全台超過一百位老師齊力推薦

（依筆劃順序排列）

台中市大鵬國小　陳筱婷

台中市文山國小　吳聲豪

台中市仁美國小　陳耀棋

台中市中師附小　施碧珍

台中市居仁國中　彭昌輝

台中市國安國小　劉香芬

台中市國光國小　張倍安

台中市國光國小　顏伶伃

台中市惠文國小　廖慧雯

台中縣大元國小　洪鈺惠
台中縣大元國小　蕭貴馨
台中縣上楓國小　林淑芬
台中縣山陽國小　洪宜勤
台中縣山陽國小　張宏睿
台中縣大雅國小　尤紹曄
台中縣立新國小　彭兆瑋
台中縣立新國小　蕭世岳
台中縣順天國小　李典龍
台中縣華龍國小　廖苑晴
台中縣新平國小　宋雪瑛
台中縣新光國小　何靜瑛
台中縣豐村國小　林孜英
台北市大理國小　吳美華
台北市永春國小　梁文蕙

台北市忠孝國小　姜振媛
台北市東湖國小　王秋嵐
台北市政大實小　邱慶豐
台北市華興小學　丁健平
台北市麗山國小　蔡馥伊
台北市關渡國小　楊琇雯
台北縣二重國小　蔡瑀芩
台北縣米倉國小　林庭芳
台北縣建安國小　陳志偉
台北縣重陽國小　韓佳雯
台北縣淡水國小　蕭世輝
台北縣裕民國小　賴錦標
台北縣新埔國小　藍逸展
台南市大光國小　王美娜
台南市文元國小　莊明珠

台南市安慶國小　郭碧蓉
台南市東光國小　王維鈴
台南市和順國小　王玥雯
台南市忠義國小　陳嘉慧
台南市南寧中學　柯文怡
台南市南興國小　林承翰
台南市海佃國小　沈佳霓
台南市崇明國小　李啓榮
台南市復興國小　曾信豪
台南市慈濟國小　張婉如
台南市億載國小　鄭宇樑
台南市億載國小　蘇靖雯
台南縣大新國小　蔡維姿
台南縣永康國小　陳詡媜
台南縣沙崙國中　盧怡淇

台南縣紅瓦厝國小　林玉文
台南縣紅瓦厝國小　凌秀英
台南縣建功國小　康崇儀
台南縣新民國小　李佩燕
金門縣金門高中　蕭鳳玉
苗栗縣後龍國小　盧羿蓉
苗栗縣龍坑國小　謝依容
宜蘭縣英士分校　江詩芬
宜蘭縣頭城國小　林文斌
南投縣鳳凰國小　劉倖君
南投縣碧峰國小　李明樺
屏東縣東隆國小　連淑真
屏東縣南華國小　范家瑀
高雄市河濱國小　曾琬珺
高雄市新光國小　郭旗成
桃園市中山國小　郭華君

桃園市莊敬國小　陳敬文
高雄縣三埤國小　黃勢銘
高雄縣林園國小　涂秀美
高雄縣特教學校　吳柳儀
高雄縣特教學校　胡薏菡
桃園縣宋屋國小　宋建旺
桃園縣茄苳國小　李思慧
桃園縣幸福國小　陳惠真
桃園縣青溪國小　趙婉禎
桃園縣祥安國小　鄧玉珍
桃園縣陽明高中　陳孜帆
桃園縣楊光國中　羅仕瑩
桃園縣桃園國小　范芸葳
基隆市建德國小　楊琬喻
雲林縣東光國小　林中斌
雲林縣麥寮國小　彭淑珮

雲林縣褒忠國小　楊欣珉
雲林縣鎮西國小　林琬真
雲林縣鎮西國小　陳雅菱
新竹縣信勢國小　蘇珮瑛
彰化縣中正小學　李明桓
彰化縣管嶼國小　劉振生
彰化縣線西國小　黃琇紋
彰化縣饒明國小　游美惠
嘉義市宣信國小　賴郁如
嘉義市崇文小學　廖建溢
嘉義市興安國小　賴怡君
嘉義縣義竹國小　魏心怡
澎湖縣文光國小　王詩瑋
台北縣竹圍國中　江昭蓉

目錄

希望教室——教孩子一生最受用的36種能力

004 名人推薦
004 全台超過一百位老師齊力推薦
009 能力1：隨時隨地，都可以幫助別人
013 能力2：要培養閱讀習慣
017 能力3：禮貌要練習，就會成為習慣
022 能力4：做錯事，要會反省
029 能力5：要學習尊重他人——睡午覺的選擇權
036 能力6：每一種生命都值得感動與被尊重
054 能力7：要擴展生活經驗——孩子的自助旅行
076 能力8：讀書是為自己，不是為父母或老師
090 能力9：教別人功課，你會更融會貫通
093 能力10：付出愛心——為流浪狗找幸福
105 能力11：學習同理心與感恩心——假如我沒有雙手
109 能力12：學習與父母更親密——洗腳活動
119 能力13：要學會溝通
124 能力14：激發學習動機，更有學習的樂趣與成就感

能力15：付出，會獲得更多 142
能力16：你可以為地球盡一分心力 145
能力17：學習打敗「害怕」，改變害羞的自我 152
能力18：要會打掃——水球肉搏戰 163
能力19：學會窩心 169
能力20：別小看自己——煮一道菜給家人吃 173
能力21：學習跟音樂交朋友 179
能力22：最熱情的表達——老師請用拖鞋 183
能力23：要誠實 188
能力24：要學會解壓——大笑三分鐘 192
能力25：帶著快樂放學去 197
能力26：無論遇到再大的困難，都不能放棄自己 201
能力27：要懂得感謝——體驗媽媽懷胎十月 206
能力28：要記得微笑 210
能力29：累積不同的體驗——去跨年吧！ 214
能力30：要學會讚美——跟五個人說好話 216
能力31：學習態度要積極 218
能力32：要學會默默付出 221
能力33：要學會改變 224
能力34：傾聽，讓關係更親密 227
能力35：要學會貼心 231
能力36：要正視自己的問題 234

用愛救回孩子 237

父母SOS—— 267
・買漫畫書可以嗎？
・孩子坐不住，上課動來動去的，怎麼辦？
・孩子作弊怎麼辦？
・我小孩交到壞朋友，一直翹家，怎麼辦？
・我不想讀書！
・孩子懶惰又任性要如何校正？
・小孩說謊，要不要處罰？
・小孩頂嘴怎麼辦？
・怎樣讓小孩體諒單親父親的辛苦？

能力1 隨時隨地，都可以幫助別人

我每天在一旁觀察著這對好姐妹的後續發展，看著她們一個以毅力、一個以關懷，交織出一段又一段令人感動的故事。

小佑背著新的吉他，喜孜孜的在我面前走來走去。小小的身軀背起偌大的吉他，顯得有些吃力，這把吉他幾乎比她整個人還高出了一個頭。

「剛拿到的嗎？」我用恭喜的語氣說著。

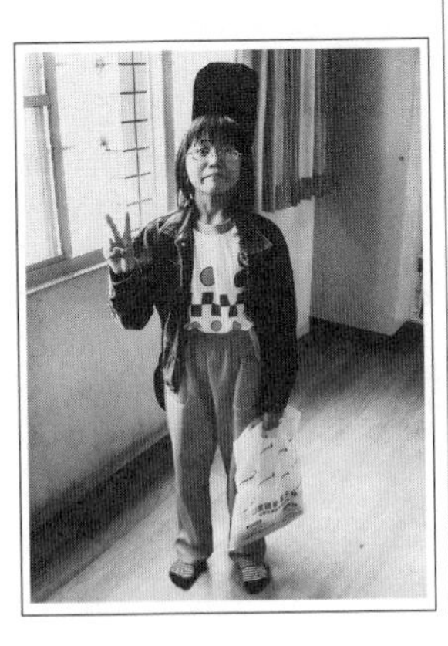

小佑點點頭，我接著對她眨眨眼，問道：「最近還餓著肚子嗎？」

「對呀！」小佑再用力的點點頭。看來她真的是餓了好一陣子了。

「真的啊？」我心疼的拍拍她的肩，說著：「那……錢付清了嗎？」

「呃，還差七百塊……」

「那還要餓好一陣子囉！」

小佑回答著：「不會啦！存錢很快的啦！小甄先借我七百元，我之後再還她。」

「加油！如果肚子餓就來找我，跟我一起在早餐時泡包麥片吧！」原本是想開口幫她先墊點錢，沒想到被別人捷足先登了。於是我只好一邊幫她打氣，一邊幫她出主意。

學校裡最近開辦了一個吉他社團，凡是有興趣學習吉他的學生，都可以自由報名。班上也有幾個同學參加了這個吉他社團，但是小佑自己偷偷報名吉他社的事情，我卻是從另一個孩子小甄的聯絡簿裡才得知的：

「老ㄙㄨ，小佑她很想學吉他，因爲她說她都沒有專長。可是她爸爸和媽媽都叫小佑自己買吉他。她爸媽一天平均會給她一、兩百元，去買早餐和晚餐，小佑爲了快一點存滿兩千元買吉他，都不吃早餐。早餐眞的很重要，小佑都說『沒關係』、『沒差啦』。我現在很想幫小佑，拉她一把。我很希望她每天三餐都吃飽，不可以有時候不吃早餐，我和她說了，也勸了，她都不聽，老ㄙㄨ請你告訴我，要怎麼幫她？」

小佑是個雙親忙碌於工作的孩子，父母以勞力辛勤賺取著微薄的工資。來自於社經地位較弱勢的家庭，使得她總是對自己沒有什麼自信。這一次的吉他社，看來她是真的拚了，想為自己找到一個專長，找到一扇能開啟她自信人生的窗口。

我可以想像，當她向父母提出想買兩千多元吉他的想法時，她的父母親所表現出來的感受與態度。但我真心佩服她的是，她竟憑著一股傻勁，用自己的方式，來達成自己設定的目標！

更讓我驚訝的是，小甄發現這件事之後，除了借她不足的七百元，也以她自己的方式，偷偷的照顧著小佑：

「最近小佑還是沒吃早餐，因爲吉他社老師說星期二就要繳買吉他的錢了！如果小佑眞的繳了，卻沒有健康的身體，一切都不值得了！爲了做好事，也爲小佑身體的健康，我幫她準備了早餐（草莓麵包）。俗話說得好：『有福同享，有難同當！』現在小佑有難，當然我要幫她囉！因爲，我們是好朋友啊！」

我每天在一旁觀察著這對好姐妹的後續發展，看著她們一個以毅力、一個以關懷，交織出一段又一段令人感動的故事。

我並不打算插手，因為我相信小佑終究會以她自己的毅力，達成她想要的目標；而這樣努力堅持的過程，將有助於她未來人生理想的追尋、跳脫我們所謂的「貧窮的循環」。

我也相信，小甄也在這樣的過程中，學會一種人生的重要課題：那是人性發揮至善的關懷心！小小年紀，就能當另一個人生命中的天使，實在了不起！

我想我明天該做的，是把我自己的麥片包捐出來，偷偷塞在小佑的抽屜裡。

能力2

要培養閱讀習慣

看他們將整本書說得頭頭是道的樣子，應該是把書本的內容都塞進腦子裡了吧！而用「閱讀」的方式，反而也可以治療「沒有耐性、注意力不夠集中」的孩子！

在國語上課時數急速縮減的情況下，老師們只好不斷靠「寫作」和「閱讀」來補強孩子們的國語文能力。不過說到「閱讀」，可說是現代孩子的痛，他們寧願多花點時間在電腦上面，也不願好好捧著一本書，興致勃勃的讀完它。

在我們班上，「發呆」是一項嚴重的罪名。當老師給的空白學習時間多，又不能發

呆時，孩子們只好乖乖看書；時間久了，不愛上閱讀也難。

我總是不厭其煩的和他們溝通：「**喜歡上閱讀，是一件很幸福的事！**你可以從書本中，得到許多的樂趣。而那種樂趣，是你明白了、重現了作者的意境，並且在故事中完成了一趟精采旅程的樂趣。沒有辦法看『文字量很多的書』的人，就沒有辦法體會到這麼深層的感受！」

有時間的話，我都會盡量帶他們到圖書館上閱讀課。

圖書館真是一個好地方，孩子們可以自由選擇他們自己想閱讀的書籍；同時，同儕的認真閱讀，也會彼此營造出專心看書的氛圍，可說是好處多多！

不過，「愛看書」和「培養閱讀習慣」這兩件事情並不完全相等。我會提醒他們，究竟什麼才是適合他們的閱讀材料。

說實在的，繪本、漫畫、童話故事，這些圖像多過文字的書籍，已經不適合他們這個年齡了。盡量挑選文字量多的書籍，才有助於他們對文字理解力與空間想像力的提升。

我會在一旁欣賞他們靜心閱讀的認真神情，如果發現他們正在看的書不夠好，我也會請他們再去換一本好書。

當然還是有孩子仍未建立起「閱讀文字量多的書籍」的習慣，不過換書換久了，他們也是會選擇「圖片多，但文字也多」的書。

這時我都會拍拍他們的肩膀，說：「嗯，這是一本好書喔！」

給他們一段連續而不被打擾的時間；待在一個能選擇多樣閱讀材料的空間；有旁人一同陪伴閱讀；盡量挑選文字量多的書籍，這些方法，都是我們班上孩子慢慢愛上閱讀的主要原因！

不過還是會有一、兩個孩子，會忍不住在圖書館裡作怪，這時就會受到「老師特別的關愛」。

我會丟給他們一本「文字非常多」的繪本，並且告訴他們：「看完書後就來跟老師分享這本書的內容吧！說得好的人，就可以直接回去座位了；說得言之無物的人，就得再留下來多看一本書。」

為了避免再多看幾本老師指定的書，這些作怪的孩子都安靜的讀著書。看他們說得頭頭是道的樣子，應該是把書本的內容都塞進腦子裡了吧！

用「閱讀」的方式，反過來治療「沒有耐性、注意力不夠集中」的孩子，這招叫做「以彼之道還治彼身」。說真的，效果真不賴！

能力3

禮貌要練習，就會成爲習慣

自然科任老師對我說：「你們班的學生，真的是太有禮貌了。遠遠就會跟我鞠九十度的躬，並且大聲問好，還會主動跑到辦公室幫我拿教具呢！」

同事說：「你怎麼訓練學生禮貌的？我常遇到你們班的學生，他們看到老師都會敬禮，為數還不少呢！」

自然科任老師也說：「你們班的學生，真的是太有禮貌了。遠遠就會跟我鞠九十度的躬，並且大聲問好，還會主動跑到辦公室幫我拿教具呢！」

呵呵，其實這種「特殊現象」是有原因的，那是因為我有「教」！

還記得剛教書的前幾年，對班上學生的禮節總是搖頭不已。

看到校長、主任在前頭，他們會假裝沒看到；看到老師走過來，他們會選擇轉頭；看到老師走進教室，他們不發一語繼續做自己的事……

唉呀，我怎能讓這麼冷漠的孩子，出現在我的班上呢？

所以我決定要好好整頓這些孩子，好好教導他們該如何正確的表達自己的禮貌。

我清清喉嚨，對著全班說：「有禮節的孩子，是老師們的最愛，因為那會讓老師覺得『這麼認真教你們是值得的』！有時候，老師走過別班，看見別班都會向老師敬禮，而且還是九十度大鞠躬喔！我都會覺得這個班級好有氣質、好有教養喔！可是回到我們班上，卻發現我自己的學生，每次看到我，都裝作不認識的逃走，老師好傷心……所以今天我們要來練習如何敬禮！」

我讓全班孩子退到長長走廊的另一邊，安靜無聲，等著老師發號施令。

「一個接著一個過來吧！」於是班上的孩子按照座號，一個一個向我走來。

眼神要充滿朝氣、頭不可低下、步伐要堅定，並且對著老師微笑。同時，在距離老師三到四公尺遠時，就要彎腰敬禮，行個九十度的鞠躬大禮，大聲的向老師問好：「老師好！」

我站在走廊的這邊手扠腰，等著孩子過來向我敬禮。其實我挺不習慣這種命令式的禮儀，但念頭一轉：這是教導孩子禮儀的實作，是該讓他們好好練習一番。

我的想法是：**如果孩子能在幼年時便學會柔軟的身段，那麼他將來對於任何的待人處事，一定也能以更謙卑的姿態來行事。**

孩子們魚貫的一一走過來，向我敬禮。

凡是走路嬉皮笑臉、問好太小聲、眼睛看地上、眼神閃爍、沒有注視著老師、間隔距離太近、太遠、行禮姿勢未完整、敬完禮偷偷摸摸的逃走、表情緊張、不夠大方……總總怪異的行徑，都會被我退回，然後回到隊伍裡頭去，再重新來一遍。

幾乎有三分之二的孩子，被我叫回去重走一遍。

果然現在的孩子，還真是不懂得如何「敬禮」啊！

每叫回一個孩子，後頭的同學們就哄堂大笑一次，整個走廊都是他們的歡笑聲。很顯然的，他們把這練習當成了某種趣味競賽了，我的臉上不禁出現三條線……

就這麼來回的練習了三次，每個孩子都能很大方的朝我走來，動作逐漸顯得自然且莊重；臉上帶著微笑，並能從容不迫的朝著老師大聲的喊著「老師好！」

我想，在練習的過程中，孩子們練習到的，不僅是禮貌的動作，還有尊敬師長的態度！

在我唸書時，我的老師並沒有這麼教導我，因此我在面對老師時，內心總是十分恐懼，直到現今亦是如此。但是經過這樣的課程，我明確的知道，這群孩子將來在面對老師時的應對進退，將與我截然不同。

好的學習課程，總是會激起良善的漣漪。下課時，班上孩子遠遠看到我，就會故意等著我走過，然後大聲的向我問好。甚至在我後頭的幾個孩子，會繞到我前頭，然後一鞠躬，大喊「老師好」；而我總是很慌張的向他們鞠躬回禮，並向他們問好，這時這群孩子就會一陣竊笑的跑走……

向老師問好，在他們眼中，其實已經變成了有趣的遊戲了！

有孩子在聯絡簿寫著：「今天我們走在老師後面，還故意跑到老師前面向老師問好，老師誇我們『好有禮貌。』這眞是令人高興……」

現在每接一個新的班級，我就會發現新一批學生在面對老師時的態度，也如出一轍——看到老師，不是一副事不關己、絲毫不相識的模樣；要不就是彷彿看到毒蛇猛獸似的，東躲西閃……所以在剛開學時，我也會迫不及待的利用一節課的時間，和他們進行一堂「如何向老師敬禮」的課程。

原來，禮貌是要經過練習的！別以為孩子都應該「要知道」，其實不然。

禮貌應該是要經過反覆練習，才會變成一種習慣。我可不想教出一群「只會讀書，其他什麼都不會」的恐怖學生啊……

能力4

做錯事，要會反省

當孩子寫完「反省單」，他們往往能確切的知道問題在哪裡，自己做錯了什麼，並且知道如何補救及解決，以及下次該如何預先避免。

教孩子反省自己的錯誤，遠比老師處罰他還來得有教育意義，不是嗎？

最特別的「反省單」

看到電視上常報導老師體罰學生的社會案件，其實我真的很為那些老師難過。難過的是，老師這行業，承受太多的壓力，常會因為老師太「ㄍㄧㄥ」而發生問題；難過的是，並沒有人能好好的和這些老師聊聊，教教他們如何處理學生偏差行為的有效方法。

罰寫，大概是老師們約束學生的最後防線吧？不過我個人對於罰寫有不同的看法。我自己不會因班上孩子的行為偏差而要他們罰寫，因為罰寫和孩子的行為偏差，兩者並沒有相關。

罰寫並不能立即制止班上孩子的偏差行為，亦不能反省自身的錯誤，也不能讓孩子有補救的機會。罰寫頂多讓孩子害怕；但害怕，對於孩子而言，是被動的，而非主動，下次遇上相同情況的話，孩子仍會再犯的。因此我會覺得這其實是老師在發洩情緒罷了，一點效果也沒有達到。

現在我常在班上做的，就是讓他們寫「反省單」。

在我處理這些偏差行為之前，我希望我班上的孩子已經能自我釐清事情的始末、錯誤點在哪裡，並且寫出解決及補救的方法。

當我看到他們確切的知道問題在哪裡，並且知道如何補救及解決、下次該如何預先避免掉這些問題時，想要發脾氣也不知如何發起。

我的反省單，沒有任何的格式，孩子必須自己去找空白紙，任何紙都可以（是自己的紙，我不提供），然後到教室後頭去寫（要隔離老師和學生的情緒）。

例如：上回班上有兩個孩子打架，照例原本我應該動怒，可是我對他們說：兩個人都去寫反省單，並且：**1.把前因後果寫清楚。2.先不要怪別人對你做了什麼，而是先反省自己在這過程中做錯了什麼。3.告訴我你這麼做會有什麼後果。4.自己該怎麼做，才能彌補這次的傷害。5.下次該如何避免再有這樣的事情發生。**

其實內容隨興得很，只是看孩子自己有沒有確實反省。

如果我看得出來孩子的誠意，我會請他寫上日期和名字，然後讓他回去。如果孩子是敷衍了事，那我會請他回去重寫，來回幾次，直到寫出誠意為止。

寫不出誠意，我會告訴他，為何我看不出有深切反省的地方；再讓他回去思考看看自己的問題。

反省單反而像是某種輔導工具，**在這輔導的歷程中，我們要時時關注孩子的價值澄清，說了什麼倒不重要；重要的是那當下「覺醒的歷程」，才是珍貴的、令人感動的。**

有人說這些反省單像「悔過書」，事實上叫「悔過書」太沉重，這反省單只是提供孩子一種認知工具，可以去思考自己行為上的問題。因此隨時都可以寫，也隨時都在寫。

我們班的孩子也寫習慣了，反正有犯錯，就去寫；久而久之這倒像是一種自我的檢討，不到五分鐘就可以完成了。連功課不交，也都可以去反省一下。

昨天一個孩子放學後跑去同學家玩，到了晚上八點多還沒回家。

今天一到學校我就叫他去寫反省單，語文能力不好的他，足足寫了一節課，但因為這反省單的內容，我覺得太過表面了，因此來來回回被我退了好幾次。

最後我把他叫來，好好跟他說一說問題的癥結何在。

雖然他沒有深切的反省，但至少我在處理時，我的情緒沒有受影響；而孩子在來來回回的過程中，心裡已有悔意。

雖然他心中仍不太明白真正的錯誤何在，但經過溝通後，至少我的說法他能認同，也將會讓他對於自己的錯誤有更進一步的體認。

教孩子怎樣反省自己的錯誤，遠比老師處罰他還來得有教育意義，不是嗎？重點是，孩子自己也知錯了，也學到如何處理的方法，偏差行為將可立即獲得改善。我們要的，不就是如此？

我常和其他老師分享這個方法，或多或少能改善他們的教室氣氛，至少體罰的情形變少了，教室內也鮮少有火爆的老師出現。我想，這也未嘗不是件好事！

送給孩子們的畢業大禮

孩子們要畢業，送什麼禮物給他們好呢？

想起有句廣告詞說「回憶最美」，好吧，那就送給他們「最美好的回憶」吧！我把這兩年來的所有照片，試著整理出來，想送他們每個人一片。

但後來我才發現，電腦裡早已滿是他們兩年來的活動點滴，一片DVD裡可容納4.7GB，但照片多到我竟然塞不進一張DVD！東刪西刪、花去我一個小時，才把有關他們的所有照片，全都塞進一張DVD中。

送給他們的第二份禮物，更特別。

當我把這疊「禮物」拿出來時，孩子們還好奇的猜著這是什麼。

但等我把它們全攤在桌面上，他們連忙搖手說他們不想要。

哈哈，這就是前一篇我所說的「反省單」。兩年來的反省單，累積起來竟然也這麼嚇人。

我將這些反省單發下去，讓他們好好的收著。

我說：「這就當作是送你們最後的畢業禮物！**看了這反省單，心裡要想想，當初自己為何這麼反省自己；同時也要想想當初說的，現在有沒有做到？如果你能大聲的對自己說『現在的我已經不再是以前的那個我了』，那麼恭喜你，你得到一份最珍貴的大禮了！**」

這些陳年往事，讓孩子們一下子就進入了回憶，回想自己當初怎麼會做出這些怪怪的事？有些孩子則是交換觀賞別人的反省單，看看別人、想想自己。

沒拿到反省單的孩子開始幫有拿到的人計數，看看誰拿到最多張。

這個用牛皮紙袋遮臉的孩子，據說拿到十六張，榮獲兩年來

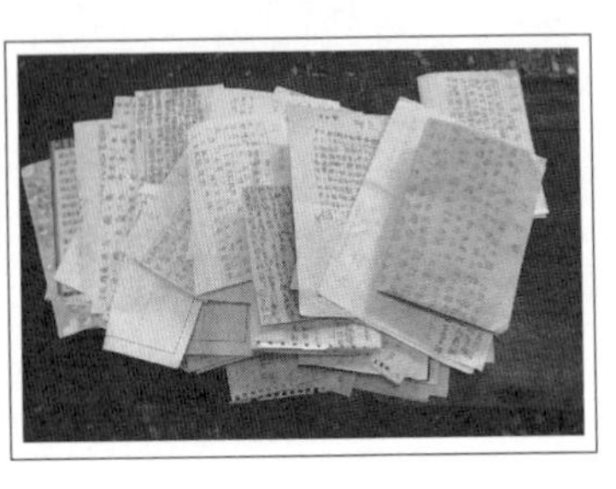

「超級人氣反省王」！

最後，我微笑的說：「如果你已經把這些反省的內容記住了，那就把它們撕了！提醒自己不要再犯了！讓這些陳年往事，永永遠遠與你無關。」

每個角落裡傳來撕掉反省單的聲音，撕掉這些反省單，那就是與過去的自己道別。

那聲音就像是褒姒撕絲綢的曼妙天音，也是給這些孩子最棒的畢業大禮。

能力5

要學習尊重他人——睡午覺的選擇權

在午休時刻，班上會出現極為有趣的現象：有的人在睡午覺，有的人在看書，有的人在寫功課，大家各做各的事，卻又和平相處、相安無事。

關於「學生睡午覺」這件事，向來眾人爭論不休、眾說紛紜。

「支持睡午覺」這派的人馬，說睡午覺能養精蓄銳，有助於下午與晚上的學習再衝刺。「不支持睡午覺」的人馬，說睡午覺會壓迫到內臟，不但影響消化，還會影響發育；同時醒來後頭昏腦脹，更不利學習。

所以一個班級裡，有些家長會要求老師讓他的孩子睡午覺；有的家長會要求老師不要讓他們孩子睡午覺，兵分兩路、各執己見。**但是，就是沒有人問過孩子：「你要不要睡午覺？」**

而我呢？我是個自己很愛睡午覺，卻又怕逼孩子睡午覺的人！找些「小紅衛兵」押著他們睡午覺、「檢查他們眼睛有沒有閉上」的事，我可做不來。於是，我讓他們有「睡午覺的選擇權」！

我對學生說：「現在你可以選擇在午休時做什麼。如果你想睡覺，那就趴下來睡覺；如果你不想睡覺，就安靜的閱讀、算數學、做些學習方面的事；如果有些人寫作業的動作很慢，也可以利用這個時間完成。不過，你只能做這三件事情，並且要讓教室保持十分安靜的狀態，因為我們要尊重想睡覺的人。」

維持在「可以很舒服睡覺」的寧靜狀態，是我的第一要求。因為我還是希望他們如果真的想睡覺，就可以不受干擾的睡去。

一般來說，他們都會很尊重其他人睡午覺的權利，不過有兩種情形會取消他們的選擇權：一、全班都很吵；二、家長強烈要求其孩子要睡午覺。

我的想法是：**既然你選擇了，就必須對自己負責**，晚上讀書就不可以打瞌睡；如果晚上讀書精神不佳，家長反過來要求老師，那孩子就得為自己的選擇結果負責。

所以在午休時刻，班上會出現極為有趣的現象：有的人在睡午覺，有的人在看書，有的人在寫功課，大家各做各的事，卻又和平相處、相安無事。

新接的這個班級，比較特別一點。有些孩子問：「老師，我可以躺在椅子上睡覺嗎？」

「可以呀，如果你找得到椅子的話。」

後來，他們又問：「老師，我可以躺在地板上睡覺嗎？」

「呃，不好吧？地板還是不夠乾淨。」

「不會啦，我們會拖過一次地再睡。」

「呃，好吧，如果你不嫌髒的話。」

所以，最近到了午休時分，愈來愈多奇怪的畫面出現了：

椅子上也能睡？你們有練輕功嗎？

有人在看書，有人在寫作業，也有人在一旁睡覺。

還有枕頭和墊被，未免太高級了吧？

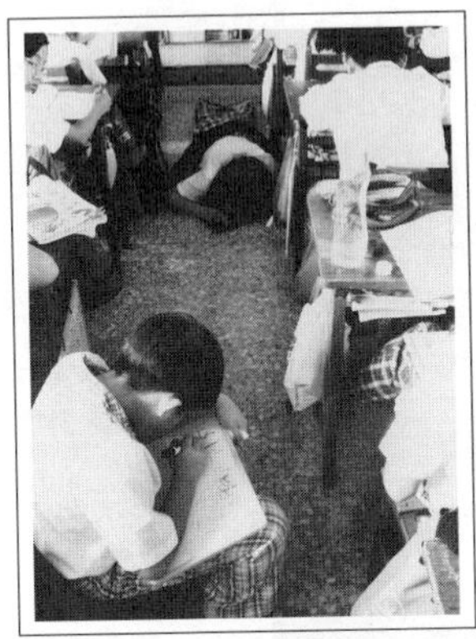

畫面那頭是怎麼回事？兩個太對比了吧？

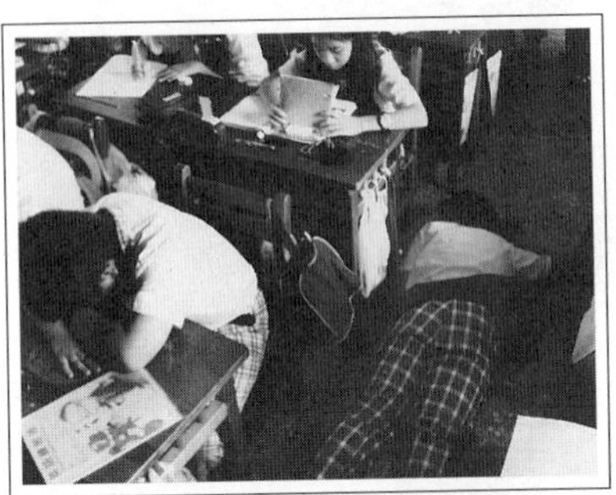

這個躺得有夠像「案發現場」！

發現了嗎？**當孩子自己做出選擇時，大人無須逼他們，他們就會樂在其中，而自動自發的去做。**我們所需做的，只是轉個彎，讓他們優先做出他們想做出的選擇罷了！

明天就是第一次段考了，孩子們都很有自知之明，乖乖的睡午覺去，一個班級只剩三、四個沒入睡。不過呢，其他人的睡姿，實在是令人不敢恭維呀！

沒想到全班睡到只剩下三個人。

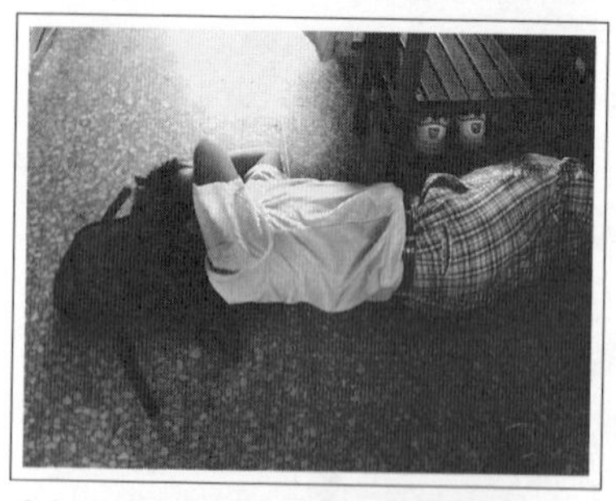

書包也能拿來當枕頭？太隨遇而安了吧？

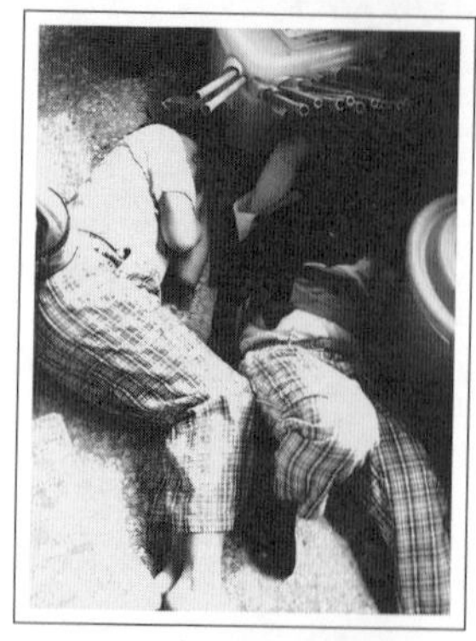

這組更猛，睡在垃圾桶旁邊！左邊那個，頭頂上還有雙臭襪子！

說真的，孩子們，你們嚇到老人家我了啦！

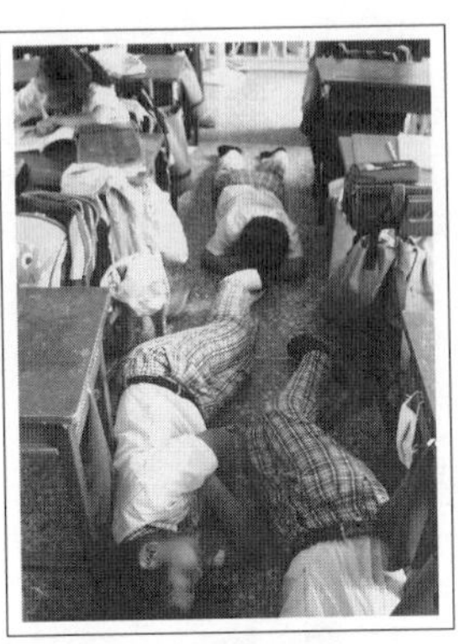

後面那個小為呀，你睡在人家的腳丫子後頭，不怕被踹呀？

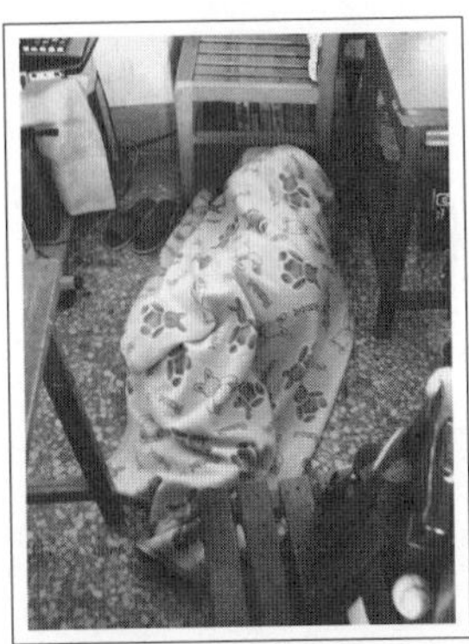

貞子出現了嗎？頭都塞到椅子下面去啦。

能力6

每一種生命都值得感動與被尊重

從今天起，孩子們的眼中看到的，將是不一樣的世界；因為他們馴養了椿象，同時椿象也馴養了他們，於是那一扇窗被打開了，窗外滿是柔軟與包容……

最自然的一堂生命課

班上的外掃區域，是在學校那排最美麗的台灣欒樹下。往往孩子們在打掃時，總會拂著輕風、伴著緩緩飄落的樹葉，在樹下嬉戲、流連。孩子的心靈，是隨著大自然四季更迭的美景而一同成長的。

但不知從何時起，那排台灣欒樹下，出現了超大規模的椿象族群。

大大小小的、紅的、黑的椿象，滿地亂爬；數量之多，十分驚人！簡直只能以「寸步難行」來形容，連走過去都沒有辦法，根本毫無立足之地！

孩子們說：「老師，好噁心，我不敢掃了啦！」女同學邊哭邊大叫的逃開。

另外的男同學則大叫：「老師，看我來踩死牠們……」他們頓時化身為黃飛鴻，用神乎其技的無影腳，將地上的椿象，踩得屍橫遍野。

我不禁著急的大叫：「喂！不要這樣子殺生！」

話還沒說完，其他學生全圍了過來，問道：「老師，你說什麼？」結果這些好奇寶寶的腳下，又是一大堆生命駕鶴西歸。

「停！統統不准動，小心你們的腳！」我想，正是卡通影片裡正義化身該出現的時候了！

我變身成拯救世界的鹹蛋超人，開始對學生使出「老師碎碎唸」的必殺絕技，對著他們曉以大義：「**每一種生命都有牠存在的價值，大家要學會尊重生命。**」並且當場下令：「從明天起，每個人都帶一個透明觀察盒來，我們要開始─養─椿─象─了─！」

當天，就在孩子楷婷的聯絡簿上，出現如此可愛的心情留言：「今天老師說要養我們外掃區的『椿象』，哇！我連一隻小小的螞蟻都會怕了，更何況是椿象。眞想說：『老師，你瘋了嗎？』下去看外掃區，椿象星羅棋布、到處都是，嚇死人了！老師說每人要養五隻，我只好壯起膽子養椿象，事到如今，養吧！我被老師悲天憫人的愛心吸引住了，決定了！我要好好養這五隻椿象。」

我請班上的孩子，每天在聯絡簿中，記錄下所觀察到的心得。

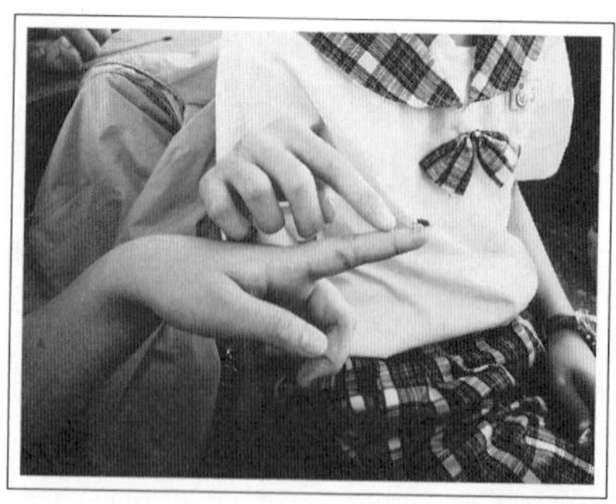

孩子歡歡喜喜的和我分享每日心情留言。

從第一天的「噁心」字眼，孩子們逐漸改口成「好像還滿可愛的」；也從「殘暴的凶手」角色，轉變成趕走低年級學生、保護椿象的「捍衛戰將」；也有學生學起了名偵探柯南，每天跟我報告椿象的「孵化」、「蛻變」、「產卵」等奇景。

孩子長霖這麼提到：「今天我在寫功課時，我發現我的椿象有異狀，原來呀——牠是在脫殼，牠是從頭慢慢的向下脫，至少要脫一個小時，我就這樣等了一個小時，牠終於脫完了殼，全身紅通通的，像一位漂亮的皇后般，非常美麗，我還有幫牠拍照留念。」

為了讓孩子能更深入領略這份來自生命的尊重與感動，我在班級網站上，又特別架設了屬於椿象的討論區。裡頭有孩子們滿滿的觀察討論。

隔壁班的老師剛開始並不這麼認為，她覺得這叫「軟禁」！不過當她看到班上的孩子是玩真的，她的觀感開始有了一百八十度的大轉變。

我很感謝上天能讓我想出這樣一個好方法來，讓這來自生命的真實感動，在我們的教室裡、作業間、家庭親子活動中，如漣漪般不斷的擴大、迴響著……

阿牛，你要保重……

讓班上孩子養椿象已經一陣子了，這段期間出現了許多戲劇性的電影情節。

首先是一位柔弱女學生的椿象死了，哭哭啼啼的上演起「黛玉葬花」情節，她將椿象「跳跳」的屍體，埋在學校後山坡上。

一個向來調皮的男生，興奮的跑來說：「老師，我的『東東』脫殼了，長出新的翅膀了！」

我們也曾一起圍在桌前，觀看椿象的產卵、蛻變、打架、吸食對方等神聖又迷人的畫面；教室裡也永遠有逃脫的椿象，以及全班暫停上課、一起抓回椿象的混亂場面。

在聯絡簿中，也處處發現班上孩子和椿象有了密不可分的親密關係：有個孩子為椿象蓋了一個五星級的高級飯店，他自豪的說這裡有一樓、二樓，還有地下室，是個專屬於椿象的房子；也有孩子每天為了「看起來噁心但卻跟牠有感情」的椿象，與「極度恐懼昆蟲」的媽媽，進行觀念溝通的長期抗爭；也有孩子為了死了一隻椿象，而深深責怪

自己未盡好主人的責任。

每天批改聯絡簿，我總有新奇的發現與無限的感動，我深深的感謝自己，能想出這麼棒的點子。讓我的教學生涯，有了全新的感動與再生！

在飼養椿象的過程中，我們歷經了農藥的大撲殺事件。

因為附近的居民害怕大量的椿象出沒，同時又有無知的居民以為是紅螞蟻出沒，於是在這排台灣欒樹上噴灑了大量的農藥。

飼養箱中的椿象，紛紛死去，因為台灣欒樹的葉子和果實被下了毒藥。

孩子們說：「老師，他們怎麼可以這麼殘忍？」

我只好另想辦法，我請他們到較遠的運動公園去採集食物，並且同學間彼此相互支援食物來源。

後來，居民又下了一次更重的農藥。

這一次，幾乎所有的椿象完全死去，滿地約有數千隻的椿象橫屍地上。

孩子們氣急敗壞的說：「老師，他們怎麼可以這麼沒有良心？他們不知道要尊重生命嗎？」

「只因為他們不懂……」我只能這樣回應。

大人的包容力，竟然不及國小五年級的學生，我只能搖頭嘆息！

他們自發性的挖了三個小土坑，將椿象埋了起來。

一向鐵面的衛生股長，在聯絡簿中留言說：「我差點哭了，但我還是強忍住，有尊嚴的指揮他們將椿象埋起來。」

我想，也該是時候到了。

孩子們的椿象已經因為食物缺乏的關係，愈顯得虛弱、死傷慘重；有些孩子也因飼養時間過長，而失去他們原先的高度興趣。我想，該是讓這些椿象回到屬於牠們的地方了！

我設計了一張學習單，請他們將這段時間飼養椿象的點滴記錄下來。

有孩子寫道：「今天是我和我的椿象最後一天相處了，感覺好難過。」也有孩子寫道：「我雖然捨不得，但還是祝福你們，回到自己的地方，健康而安全的活著。」

全班步出教室，我們安靜的走到司令台旁，這裡有校內少數幾棵沒噴灑農藥的台灣欒樹。

孩子們輕悄悄的，將盒子裡的椿象放置於樹上。

寶紅色的椿象，在綠葉篩落的陽光襯托下，顯得格外耀眼與美豔。

女同學對著剛放生的椿象輕喚：「阿牛，再見……」

瞬間，一隻成蟲模樣的椿象倏地飛起，像是迎風嬉戲的紅色精靈，飛舞在夏日的自由微風裡。

「阿牛，你要保重……」女同學低聲的說著。話語的背後，是滿滿的祝福與不捨。

在夏日的自由微風裡，我們有幸參與了椿象的生老病死、喜怒哀樂，體認到另一種生命的存在價值與萬物同源的真諦，心中有無限的感謝！這堂生命教育的感動，仍在我

和孩子的心中，持續盪漾著。

我們和大自然之間，就像我們和椿象之間的故事，不是句點，卻是一個美麗的開始。

人與大自然共存

為了讓班上孩子體認人與大自然共存的法則，我讓他們飼養校園裡的紅姬緣椿象；並在課程結束時，為學校打造了一條專屬於學校的「椿象學習步道」；孩子們還對著全校十幾個班級，進行椿象生態的解說。

如此深刻的參與了另一種生物的生命歷程，成為我們師生回首校園生活時最香醇的一段回憶！

但沒想到，一轉眼間，時間也已經過了兩年了。當年因為歷經兩次農藥的噴灑，這裡的台灣欒樹步道，幾乎找不到幾隻椿象。

這兩年來，我常在步道下尋找，試著找尋椿象族群的蹤跡，也試著找回當時的感動。

所幸學校中庭的那棵台灣欒樹，樹下仍有為數不少的椿象正「萬頭攢動」著，經我仔細勘驗後發現，這裡的椿象數量，仍足夠幾個班級來飼養。好吧！就這麼決定了，我和孩子們，準備重新啟動飼養椿象的課程了！

我對著這個新的班級，訴說兩年前的故事。這些孩子，似懂非懂的點著頭。初夏的午後，孩子們在擁擠狹小的樹下，開始了他們與椿象的第一類接觸。

如出一轍的，女學生們永遠畏懼著這些未知的生物，只能用手抓著樹枝，勉強撥弄著這些椿象；而男學生們，則是興高采烈的玩著他們的新寵物，即使椿象在他們身上爬上爬下的，他們依舊樂此不疲。

我限定他們每個人只能抓五隻椿象，並且以**「如果我是一隻被抓到的椿象」的心態來佈置飼養箱。**讓我們高舉自己精心佈置的飼養箱，一起來打造五星級的椿象之家吧！

回到教室後，孩子們興高采烈的觀察著彼此的飼養箱。小椿象的一舉一動，此刻似乎比什麼新款的電玩都來得新鮮；甚至放學了，孩子們還捨不得離去。

安親班的學生，一放學後，也運用教室裡的電腦火速上網，想要快些找出椿象食材的祕密。

這些孩子們，重新啟動了這個當年學長姐創下輝煌紀錄的課程循環。我與這些孩子，傾聽著大自然的祕語，也再次進入了人與大自然接觸的深刻感動之中。

家庭暴動

學生小傑的媽是部落格的常客，她有感而發的說：「非常有趣的一堂自然課，爲此我特別上網查資料，牠的大名是紅姬緣椿象，但到目前爲止，我依然不敢碰觸牠……」

事實上，讓班上孩子們養椿象，對於家中膽小的媽媽們，簡直是一大折磨。我看至今已有不少家庭，大概已經出現許多火爆的家庭暴動了吧？

「今天我查到這種椿象叫做紅姬緣椿象，好可愛喔！老ㄙㄨ，你知道嗎？媽咪看到這種椿象，大驚小怪的叫一聲：『啊～怎麼那麼醜？』媽咪這句話『ㄏㄡˇ我ㄔㄨㄚˋ幾丢』（台語版的『讓我嚇一跳』），大驚小怪的媽咪，有夠大驚小怪的！」

這位被稱為「大驚小怪的媽媽」，正是我們學校裡的同事；她的小孩，也就是本文作者，也是我從小看他長大的。這兩個再熟悉不過的角色，發生這種對話，真是令人忍不住哈哈大笑了起來。

今天，這對母子又發生了新劇情了。不過這次，外加另一位學校鐵面殺手的同事來客串演出……

「大驚小怪的媽咪又來大驚小怪了！媽媽大叫著：『啊～不要靠過來，等一下會掉到我的杯子裡，快把牠扔掉，快一點啦！很可怕耶！』……在把牠扔掉之前，我看到旁邊的廖老師，慢慢的……慢慢的……退後……看到廖老師很害怕的樣子，我差點哈哈大笑，好險我有及時摀住嘴巴……」

你可以想見在辦公室裡，有位女老師在尖叫，要她的小孩快把小蟲扔掉；而一旁向來挺有威嚴的女老師（同事小孩們都挺怕她的），仍然很有威嚴的……慢慢的……慢慢的……後退……宛若一齣卓別林式的無聲黑白搞笑默劇！

我笑了！不禁為孩子深刻描寫的現場轉播，拍案叫絕一番。我特別將這些小短文傳上來和大家分享，一方面讓大家看了會心一笑；另一方面，則是我個人一項懺悔：「神呀！原諒我讓這些家庭，引發了這麼一大堆又一大堆爆笑的家庭暴動呀！」

改變看世界的目光

自從跟孩子們預告與椿象的離別之後，孩子們早在聯絡簿裡依依不捨了好一陣子。趁著今天天氣不錯，該是個適合道別的好日子！

我請孩子撰寫「再見了，親愛的椿象們……」的學習單，希望能整理一下他們與椿象之間發生的故事。

孩子們靜靜寫了一節課的學習單。

悶熱的夏天，似乎帶來了每個人心中解不開的鬱悶心情；而那段與椿象之間的回憶，綿綿密密的，塞滿整張學習單，與流瀉在點點滴滴說不盡的時光裡。

孩子們的學習單寫得非常好，摘錄幾則與大家分享一下。

宛恩：「眞的捨不得，因爲和椿象相處已久了，也培養出深厚的感情了。要分離，實在有點捨不得，眞像媽媽離開小孩一樣，母子有了深厚的感情之後，要分開了，心裡也會擔心牠。我面對大自然萬物的生命，有了不同的轉變，原來對待每一件事時，只要有心想觀察牠們，就會發現牠們可愛的地方，而且會更了解牠們。」

信堯：「我想要哭了，可是我們不把牠們放走的話，牠們就會一直習慣有人餵食；時間一久，放走牠們，牠們就不會覓食了，也會被大蟲子吃掉。我以後不會再亂踩牠們了。」

敬瑜：「謝謝你，你讓我對動物改觀，再也不覺得動物是如此可怕、恐怖了！也不會再隨意的踩死小昆蟲，也不會看到小椿象或昆蟲就尖叫了……椿象，希望你離開以後，可以平平安安的，不要被踩死喔！」

元豪：「現在我們要放生了，我感到依依不捨。我發現我在飼養時雖有熱心，但對牠們的耐心卻少得可悲！……對不起，沒有好好的照顧你們，希望在放生後，你們會有更好的生活、更美好的家庭……」

時候到了！我帶著孩子們，走到了校園裡的台灣欒樹下，輕輕的掀開椿象飼養箱。一隻隻椿象成蟲倏地飛起，像是夏日裡飛舞的紅色精靈，孩子們的臉上滿是不捨的表情。那就像是小王子馴養了狐狸的情節。

從今天起，孩子們的眼中看到的，將是不一樣的世界；因為他們馴養了椿象，同時椿象也馴養了他們，於是那一扇窗被打開了，窗外滿是柔軟與包容……

好懷念那段養椿象的日子

和之前畢業的孩子們一起聚餐，酒足飯飽後不知去哪裡，於是我們回到學校裡遛達。將近兩年沒有在國小校園裡好好的散步，任何一些小事都足以讓他們駐足許久。孩子們說：「老師，現在學校裡好像都看不到椿象了？」

「季節不對。不過呢，今年是暖冬，所以椿象在冬天也特別活躍……像在這裡就有很多……」我們來到司令台的附近。

我指著樹叢裡，在散落樹葉的地上，鮮紅的椿象正充滿生命力的亂爬著。

孩子們看到了椿象，不自覺的蹲了下來，小心翼翼的抓著牠們。

孩子雨薇說：「哇，好懷念那段日子喔！……現在想起來，還真想哭呢……」

「三年前的事情，沒想到你們還記得？」看著他們對於小小椿象的親密動作，我實在是有些驚訝。

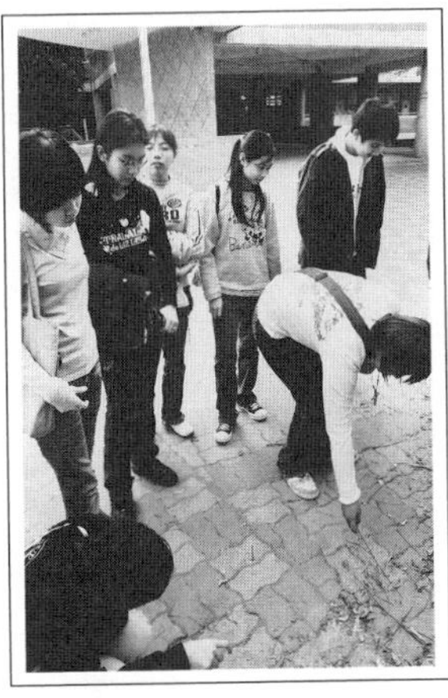

三年前一個突發奇想的課程，讓他們與其貌不

揚的椿象連結在一起。

他們的生命歷程之中，多了與椿象的交集，反而讓他們至今仍保有尊重大自然萬物的態度。

這個畫面讓我想起現在帶的這個班級，每回行經司令台，這群小小學弟妹也會踮著腳尖、小心翼翼走過這裡，嘴裡也是不停的嘟囔著：「好懷念這些椿象喔！」

我很喜歡看到這種生命交集的片斷，這也讓我又再度想起小王子與狐狸的故事。

狐狸說：「對我來說，你只不過是個小孩，跟其他成千成萬的小孩沒有分別，我不需要你，你也一樣不需要我。我對於你也只不過是一隻狐狸，跟成千成萬其他的狐狸一模一樣。但是，**假如你馴養我，我們就彼此互相需要。你對於我將是世界上唯一的，我對於你也將是世界上唯一的。**」

狐狸說：「你馴養我，我的生活將如充滿了陽光般。那些金色的黃小麥，將使我想起你，而我將喜歡聽吹過麥田的風聲。」

所謂的「馴養」，應該指的是在某一段時間內的用心；也因為曾經用心，從那時開始，生命的體認將會截然不同。

不管是小王子馴養了玫瑰花，還是狐狸馴養了小王子，抑或是這群孩子馴養了椿象、椿象馴養了我們，那段曾經美好的回憶，將成為心底緩緩流動的能量，溫暖著每個曾經用心過的心靈。

能力7

要擴展生活經驗──孩子的自助旅行

別看他們玩得那麼瘋，有些道理也慢慢沉澱在他們的腦袋瓜裡。我希望能打開他們的視野，學著用自己的行動來經驗這一切，培養他們獨立生活的能力，而擁有豐富生活經驗的孩子，腦筋才會靈活、轉得快！

培養孩子獨立生活的能力

為了嘉獎放學後自發性留下來加強數學的孩子們，我和他們約定好了：只要第一次考試數學成績有進步，就會帶他們出去玩。

孩子們每天很認命的留在學校，一題一題、無怨無悔的演算著數學。

看著他們這些日子以來，如此認真的態度，當老師的我也被感動了，於是我微笑的站在講台上，故作輕鬆的宣布要帶他們出去玩的好消息。一聽到這個決定，他們當場歡呼了起來！

隔天一早不到八點，他們已在學校大穿堂集合完畢；還特地打了手機給我，問我已經到哪裡了。

而我才一出現在校門口，他們所有人全急著打開背包，把「家長同意書」交到我的手上。是呀！我都忘了有這回事，我請他們要繳交「家長同意書」，才能和我們一同出遊。

出乎我意料的，有家長在同意書上寫道：

「蘇老師您好，您對這些孩子所付出的心血，做家長的我們非常感激。孩子早已期待已

回條

☑我願意讓孩子參與這樣的活動

☐有事，未能參加

您的意見：

學生姓名：　　　　家長簽名：

久，這一次的旅行，我相信在她的童年生活裡，也會留下難忘的回憶。只是帶著這些小孩出門，您可能會滿累的吧？您辛苦了！」

其實，讓老師無怨無悔付出的方法，是再簡單也不過！只是一句感謝，就可以讓老師傻得掏心掏肺，也甘之如飴！

我們學著前台北縣長的口號，大喊一聲「衝啊」，拍下這張合影。同時，也為我們今天的旅程，揭開活力四射的序幕。

孩子們問：「老師，今天我們要去哪裡呀？」

我說：「不知道。今天我們要去流浪。」

「不知道？老師，你當老師怎麼可以說不知道？」孩子們很懷疑的問著。

我笑著回答說：「我們是要去『自助旅行』！就看車子把我們帶去哪裡吧！不過，首先，我們得先去坐公車！」

是的，這趟旅行，我把它界定為「孩子自己的自助旅行」。

由他們自行來規劃所預定的地點，並且讓他們第一次嘗試如何自己坐公車、自己買

票、自己坐火車、自己問路人該如何走，順便培養他們獨立生活的能力。我想，這樣的旅程，想必他們一輩子也不會忘記！

孩子們慌亂的衝進便利商店換零錢，並且快步走到公車站牌，只因為遠遠就看到公車來了。上車時，還緊張的問著公車司機伯伯：「坐到台中火車站要多少錢呀？」並且「親手」將零錢丟進零錢箱中，完成神聖的購票行動。

車上的乘客以一臉狐疑的眼神望著我們，孩子們則是慌亂的坐在公車椅子上，鬆了一口氣。不一會兒，緊張的心情被成就感所取代，又開始和鄰座的同學，朝著窗外指指點點了起來。

我呢？則是扮演攝影師的角色，捕捉他們饒富趣味的表情。

公車停在火車站前，孩子們以極快的速度跳下公車。

大部分的孩子是第一次坐公車，因此下車的時候，笑開了嘴。

我一向認為台中火車站的廣場是極適合搞笑的場所，所以除了讓他們了解台中火車站的建築之美外，更強迫他們來張Special的拍攝手法——全部的人站在廣場遙指著火車站，大叫「我們到了！」

沒想到，拍出來的效果果然極具鄉巴佬進城的笑點，拍完我們一同相視、哈哈大笑了起來！

進了火車站，孩子們問：「老師，我們究竟要去哪呀？」

「原則上我們有兩個選擇：一個是往北走，去三義看木雕；另一個則是往南走，坐到二水再轉小火車，坐到集集去。你們去看一下，有哪些班車可以坐呢？」只見一群孩子在台中火車站裡頭，忙著在每個看板之間不停的穿梭。

「老師，我們知道了，往北走有九點十二分的電聯車，往南走有九點十一分的平快車。」孩子們興奮的說著。

「很好，現在你們要做抉擇了，到三義比較近，可以去看木雕，但可能下車後要走的路比較多；到集集比較好玩，但是花在火車上的時間會很久，加上換車，可能要一、兩個小時。你們要選擇哪一個？」

孩子們七嘴八舌的討論了許久，最後他們以表決的方式，決定了要往北走，到三義去看木雕。

接著，孩子們進行了他們人生相當重要的一課——「第一次親手買火車票！」由於是電聯車，因此我帶著他們到旁邊的售票機去買票。我先示範了一次如何買車票的步驟，並且放手讓他們去試試，第一個投錢的孩子，頓時成為大家的偶像，大家都緊張的看著他，彷彿他的成功與否決定著大家的生死一般。

「先是選『復興電聯車』，再來是『一張』，再來是『兒童票』，再來是『三義』，耶！票掉出來了！」有了良好的示範，其他學生各找了一台機器，如法炮製的買到自己生平第一張的火車票！

邊買票，還在彼此大聲嚷嚷：「好好玩喔！好像在玩電動玩具，不，比電動玩具還好玩呢！」

只是，孩子們玩售票機實在是玩得太過火了，當買完最後一張票時，火車竟然已經進站了。

我們以飛奔的速度衝進月台，並且及時的跳上火車。

「一、二……十四，還好全到齊了！」點完名，為了紓解大家緊張的情緒，我還說了「每個人都有追火車」的冷笑話，不過從孩子們尷尬的表情看來，這回真是冷得太誇張了！

這群孩子其實真的是很乖，坐在火車座位上動也不敢動；講話輕聲細語，深怕干擾到鄰座乘客的安寧。

孩子建翰則是拿起了報紙，有模有樣的學起了大人看報紙。

有幾個沒坐過火車的孩子，「特地」去上了一次火車上的廁所，回來時一臉發現世紀大驚奇的表情。

對他們而言，這趟旅行可說是大開眼界。

他們正用親身的體驗，去感受這個真實的世界！

火車到了三義，我們不免俗套的來張大合照。

孩子們張大了手，盡情擁抱這灑了一地的好陽光；我也在視窗裡頭，盡情享受孩子熱情的回應。

嗯，三義，等著吧！今天我們將用滿懷的熱情，征服這個充滿文化之美的小鎮！

用步行認識陌生的城市

當我們步出三義火車站，發現這裡真的是和前幾年不同了。有規劃良好的觀光巴士路線，將附近周邊的風景名勝串連在一起。

我詢問孩子們：「這裡有好多的景點，例如：木雕博物館、勝興火車站、三義街道巡禮，你們想到哪裡去玩呢？」

孩子們在巴士站前繞了繞，最後他們決定演段「在台灣的故事」的情節，用步行的方式來認識這個陌生的城市。

往三義鎮中心的路上走，不一會兒遇到了兩個阿姨踩在椅子上，對著一大塊木頭做些怪異的舉動。

「三義木雕，你看是木雕耶！」城市鄉巴佬的孩子們大聲嚷嚷著。

這兩個阿姨出聲指正他們：「這不是木雕，是石雕。」

孩子們全圍了過去，會講客家話的韜鑑，為我們發聲：「%&*#@（翻譯過後是這樣的：阿姨，你們在做什麼？）」喔～原來這個石雕已經售出，現在正對這個雕刻品上凡士林、做售出前的清潔工作。

阿姨們開始向孩子們介紹這間工廠裡的藝術品：「你們猜一猜這上面是什麼？有幾匹馬？你們可以到裡面去走走看看，沒關係的。」

孩子們獲得一次難得木雕工廠實地參觀的機會，而我一直站在後頭微笑看著他們。

滿地木屑的木雕工廠，遠比擺設精美的展示店，讓人的感受更加震撼、更具真實感！孩子們用驚呼聲與驚喜聲，串連他們的美好回憶；也用他們自己的好奇心，主導他們自己的旅行日記。

不只在這家工廠中是如此，在隨後的每家店、每個行程都是。孩子總問：「老師，我們可以進去那家店嗎？」

「想去，就進去呀！」我說。

今天我只是個保護他們安全的保鏢，其餘的，就靠他們囉！

在鎮上馳名中外的木雕行，孩子們用天真的笑容，得到了老闆娘的細心款待，走到店後頭賞魚，光是餵魚就玩了將近半小時。

孩子們好奇那一排長長的階梯，於是爬了上去，並且和當地的孩子來了一場公正、公開的鬥牛。

對客家美食好奇嗎？粄條、小菜，愛吃什麼就自己點！

孩子們說：「厚！老師，你都不幫我們出主意！」

「嗯，這是你們的自助旅行，就由你們自己來出主意呀。接下來，你們想去哪裡呢？」我說。

「我們要去勝─興─火─車─站！」一陣緊急會議之後，孩子們異口同聲的喊著。

「那要怎麼去呢？」我問。

已經被我訓練到百毒不侵的孩子們，大方的四處打聽前往勝興火車站的方法。有的打聽到坐旅遊公車就可以到了，又有人回傳旅遊公車已經停駛了，還有人說勝興火車站很遠，小孩子可能走不到。眾說紛紜，最後，建翰喜出望外的衝回來說：「老師，那邊的水果攤老闆娘說，可以沿著火車鐵軌走過去，她說只要走三十分鐘就可以到了！」

我憂心忡忡的說：「在我的記憶中，勝興火車站好像在很遠的地方，你們確定要去嗎？」

「嗯！」孩子們點頭如搗蒜。好吧！事到如今，老身就捨命陪君子，陪他們走上這一趟吧！

我們沿著火車鐵軌，開始了通往勝興火車站的旅程。

荒廢的火車鐵軌，被叢叢咸豐草沿途佔領，白的舌狀花瓣、黃的管狀花心，放肆盛開，展現野性的生

命美感；初冬的陽光，和涼爽的午後微風，讓人有種汗流浹背後的痛快；孩子們時而走上鐵軌，時而踏著一塊塊枕木前進。

我們也在伸手不見五指的荒廢隧道中，沒命的向著前方的光點狂奔；沿路的一草一木，則是我們最好的生態教材。

孩子們沿著鐵路前進，搖搖晃晃的走著、笑著；伴著有一句、沒一句的閒扯，偶爾來一段即興演唱。

每一步都刻著孩子們的淋漓汗水，以及永難忘懷的童年記憶！

我們總共花了一個多小時才抵達勝興火車站，根本就不是水果攤老闆娘說的「三十多分鐘」嘛！

到了勝興火車站時，孩子們簡直累垮了，倒在月台邊大口大口的喘氣。看了指示牌，我們才發現，原來從三義到勝興這趟旅程，竟然要六公里！

孩子們紛紛大叫：「老師，我再也走不動了啦！」孩子們紅通通的臉頰，有著閃閃發亮的神情，於是我替這些勇士們，每個人都拍了張獨照，好讓他們記住此刻心中的感動！

回程找不到可以載我們的交通工具，大家只能乖乖的又走回三義火車站。

一天下來，孩子們總共走了十幾公里，這真是他們一輩子走過最遠的旅程了！

回來後，不善表達的游姐姐在聯絡簿上激動的寫著：「老師，我爲什麼都忘不了去勝興的事？我好想再跟班上的同學一起去喔！現在的我，想到還會很想哭。」

小勇士們，請你們記住現在內心裡的悸動！那是汗水與堅持所揉合出來的榮耀，請你們為自己喝采，一輩子都要記住此刻這麼棒的自己！

訓練孩子解決問題的能力

這學期班上的自助旅行，跟以往幾屆有很大的不同，我採取「資格淘汰賽」的方式。因為一次出去最多只能帶十來個學生，全班都想去，所以大家只好來拚表現。

呵呵，沒辦法，老ㄙㄨ選秀比賽節目看太多了。

我對著全班說：「原則上大家都有機會跟著老ㄙㄨ出去玩，但是表現好的同學會優先成行；出去玩表現特好的，還會免費獲得下一次出遊的機會。有這麼好康的事情，怎能不表現好一點呢？」

評鑑分成三個向度，包括：「生活常規」、「熱心公益」以及「學習態度」；每隔兩天我就公布一次最新入選名單。

這個猶如「超級偶像」嚴格的毒舌評鑑方式，馬上讓班上混亂已久的班級氣氛穩定下來，因為誰都希望成為評審名單內的前十二強。

於是風和日麗的星期六，這十三個孩子興奮的出現在大穿堂。一看到我來，馬上歡呼了起來。

一部分孩子有了上一次自助旅行的經驗；再加上我和他們之間也已經建立了某種默契，我才讓他們開始討論今天的行程，不到兩分鐘，他們就通過了決議，咚咚咚的跑來跟我說：「我們決定好了，今天要去后里的『后豐鐵馬道』騎單車！」

照例我先進行「行前教育」，並且帶他們到便利商店換零錢、搭公車、再坐公車到台中火車站。不少已經參加過的孩子，就像是識途老馬，我還沒說，他們就自動去完成了下一步。

果然，**生活經驗是需要學習的；擁有豐富生活經驗的孩子，腦筋才會靈活、轉得快！**

到台中火車站，他們不約而同的舉手比著前方。我笑著問：「你們在做什麼呢？」

「每一次來到這裡，不是都要很丟臉的拍一張照片嗎？」孩子們齊聲回答。

哈哈，沒錯，這就是傳統！大家還是乖乖的比著台中火車站，大叫：「哇~是火車站耶！」

火車很快的就到達后里火車站，剛好有腳踏車租借公司願意載我們過去，所以我們一下子就到了后里的鐵馬道出發點，一切都是這麼順利而圓滿。

不過，這時我們遇到了一個大問題——「在討論的過程中，竟然沒有人發現有人不會騎腳踏車！」於是，我只好請他們去好好討

論一下該怎麼解決這個問題，畢竟這是他們的「自助旅行」，不是老師的。

等了許久，他們終於肯放下自己的私心，好好的討論這個問題。**最後他們的結論是——先由一位同學騎著協力車，載著不會騎腳踏車的人；等騎的人累了，再換人輪流騎協力車載人。**

嗯，這不失為一個好方法。既然問題解決了，我們就上路吧！

辦了幾屆「孩子的自助旅行」，地點都不盡相同。有的是到石崗騎腳踏車，有的則是來到后里，再去逛月眉糖廠。不過許久沒來到這裡，我們才發現這條鐵馬道，早已一路暢通，直直接到石崗水壩去；未來還會全線通車。這麼一來，我們等於是一次玩兩趟行程咧！

這一路的景點真是精采！我們先穿過烏漆嘛黑的九號隧道，全長1.2公里；又經過637.79公尺的花樑鋼橋。隧道裡陰涼的風，吹得我們既緊張又刺激；鋼橋上的狂風，吹得我們搖搖擺擺、緊抓著帽子。在我們又累又渴時，終於抵達石崗水壩，欣賞這一片波瀾壯闊的水壩景致。

九二一大地震的遺跡，也讓大家看傻了眼。當時他們還小，也感受不到大地震的影響；但是親臨了現場，才明白大自然的破壞力是如此驚人，而人類卻是如此的渺小。

只是沒有感傷多久，他們又開始拍起了搞笑照片。

唉！你們不愧是「活力黑皮班」，自High功力一流。

最後，我們拖著疲憊的身心，回到后里租車行；又跳上火車回到台中火車站。大家又累又高興的結束了這一次的行程。

雖然這一次，為師的累到兩腿抬不起來，（嗚，後半段的協力車，都是我幫忙在騎的啦！）手臂也被曬成哈辣雞翅，不過說真的，這真是一趟舒服的自助旅行！

下回，大家表現再好一點，一起爭取前十二強的名額吧！

一堂「開源節流」的課

日正當中，該是吃午餐的時候了。剛好經過一處熱鬧的市集，腳踏車行介紹的這間店，有賣冰，也有賣吃的，應該是個很多樣化選擇的地方。有了上回「沒有吃到老師請的滷味」的慘痛經驗，孩子們拚了老命緊跟著我，他們說：「因為我們怕吃不到免費的滷味呀！」

一走進餐廳，我才發現菜單上的價錢還真是嚇人：義大利麵要一百元，拉麵也是一碗一百元。不過老闆早就招呼好這群孩子，想轉身離開也不好意思。

這時，就聽到隔壁桌的孩子們開始點起了餐：「我要一份義大利麵！」「那我要一份涼麵！」

我只好故意大聲的說：「咦？這裡有擔仔麵耶！只要四十元，再加一碗丸仔湯二十五元，嗯，花六十五元就可以吃好飽囉！那我要吃擔仔麵！」

有三個聰明的孩子知道我的用意，也跟著我吃擔仔麵、丸仔湯，但是隔壁桌有更多盤的義大利麵和涼麵上桌。那盤涼麵不過就是幾根麵條、撒點海苔片，再加一杯紅茶。這對正在發育的他們而言，根本就吃不飽。

這讓我想起之前網路流傳的一篇名為〈一杯一百五十元奶茶〉的文章，內容大致是敘述：父親帶著孩子去吃飯，結果孩子面不改色的點了幾杯一百五十元的奶茶，一千元拿去竟沒找回幾塊錢。這個故事讓我們知道了現代的孩子由於在生活上衣食無虞，反而缺乏用錢的正確觀念；不能說他們錯，只是他們並不懂。

現在發生這狀況，也讓我有點招架不住。

一盤一百元的義大利麵和涼麵，他們點得面不改色，但是我去黃昏市場卻可以買到五盒涼麵，並且可以吃得很飽。

坐在我旁邊的阿杰看著菜單，不斷的在我耳邊碎碎唸：「哇，這裡好貴喔！這裡好貴喔！」最後，他只點了一杯十五元的冰紅茶，因為菜單上的其他冰品都將近六十元。

我笑著對著他說：「是呀，這裡真的很貴，你很棒，懂得開源節流。」

每次出來，我總是只讓他們帶三、四百元出門；並且要求他們不可以亂花，回家後要交一張支出表給我，當作這一次自助旅行的作業。

節省的孩子，一天下來，可能只花一百多元而已；不過破表的也大有人在，被我好好的取笑了一番。

回來的路上，小傑不斷的捶著自己，說：「我好笨喔！我竟然去玩路邊的遊戲機，才十分鐘就花了那麼多錢！」他的手上則是一盒小獎品，看起來就是很廉價的玩具組。

「花了多少錢？」我問。

「就花了……一百元。」小傑吞吞吐吐的說著。

好吧，小傑，你是有權利可以罵自己「笨」的。

打開孩子的視野

大部分來參加自助旅行的孩子們，都會寫一篇小小遊記，記錄下當時美好的回憶。不過在眾多孩子的遊記中，

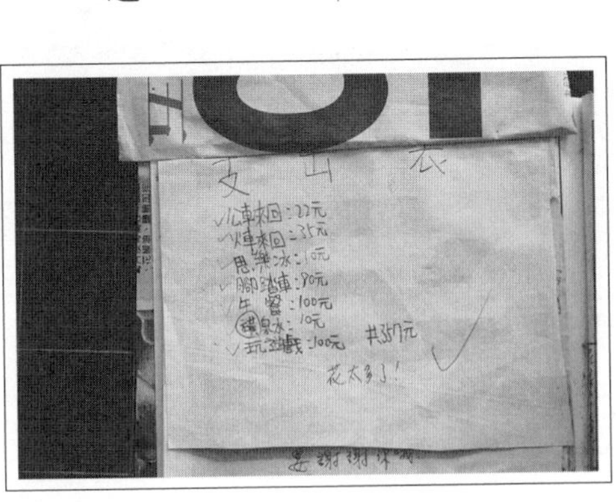

就屬這篇最特別。

昨天眞的是很好玩，但也滿累的！老ㄙㄨ一定更累，因爲您不僅要管好我們這些「咕雞」，而且還連帶兩天呢！

不過這就是人生的一段美好回憶，如果人生只是爲了生活而生活，那多麼沒意思嘛！而且也白白浪費了寶貴的一生。所以我們要趁著年輕有力的時候，多去別的地方大開眼界。只要我們跨出了那一步，我們的人生可就不會平凡了！

我喜歡到處走走，把人生的範圍擴大，找出自己的夢想，並朝著目標努力向前走。老ㄙㄨ您呢？是不是也很喜歡出外透透氣呢？是否和在下我一樣，爲了從小的願望，而努力不懈呢？我一定會向老ㄙㄨ學習，做一個對社會有貢獻的人！

就讓我們一同帶著希望與堅定的心，走出人生的第一步！

這篇文章，就是照片中「深情款款」在互相餵食的小帥哥所寫的。別看他們玩得那

麼瘋，有些道理也慢慢沉澱在他們的腦袋瓜裡。我就是希望能打開他們的視野，學著用自己的行動來經驗這一切。

《學校在窗外》這本書提到：學校裡該做的事，就只是「打開經驗世界，培養抽象能力」。如此一來，才有辦法與世界連結；同時，藉由接觸世界的經驗累積，才有辦法去理解更高層的抽象學習！

感覺上，孩子好像偷偷懂了這個道理。

能力8

讀書是爲自己，不是爲父母或老師

我在黑板上，寫了大大的幾個字：「想寫國卷者，自行享用！」在字的下方我畫了一個長長的箭頭，指向一疊練習卷。

一張、兩張，不消幾分鐘，三十四張練習卷被拿到只剩幾張。台下一片寫考卷的沙沙聲，大多數人都是專注的寫著練習卷。

創意作業——自己出功課吧！

面對空白的黑板，突然，我在黑板上出了三樣驚人的功課，班上的孩子們紛紛露出吃驚狀：

1. 課外學習功課（　　　）（簽名）
2. 課外學習功課（　　　）（簽名）
3. 課外學習功課（　　　）（簽名）

這是由於班上孩子偶爾會抱怨功課太多，一方面，其實我想讓他們體會一下「出功課者的為難」；同時在另一方面，我也想知道，他們在家裡，究竟會主動從事什麼樣的課外學習呢？所以**這三項空白作業，其實是考驗著孩子們的自律能力的。**

我知道一定有孩子會耍賴不寫，所以我請他們記錄下來自己的學習內容，並請家長簽名。不過我想，一定有一大堆家長會覺得這個老師怎麼那麼「混」呀？

隔天一翻他們的聯絡簿，果然一大堆琳瑯滿目、各式各樣的功課都出現了：

・數卷、作文、看三本書
・電腦打字、看一本課外書、跟媽媽學煮飯（呵！這還挺有創意的，也叫一項作業呀？）
・看一本書、社會評量、算數學（看得出來爸媽逼很緊喔！）

．《可怕的勇士》、《高明的獵人》、《大自然的清道夫》（這個孩子對自己真慷慨，真是一個悠哉的閱讀夜晚！）

．閱讀心得、成語篇、字音字形辨正訓練（哇！這麼精實呀？孩子你可是要有做才能寫呀！）

其中，當然也有不少是只打勾、父母簽名的學生；更有只打個勾、父母也沒簽名的學生。不過最有趣的，還是底下這個學生的回應：

老ㄙㄨ好！我覺得給你出作業比較好耶！因爲自己出還要想很久才能想出來，還是老ㄙㄨ你幫我們規劃得好好的比較好。我絕對不會再說老ㄙㄨ出的作業太多了！因爲我現在才眞正領悟到：老ㄙㄨ幫我們出作業，也要花費許多心思。而且如果自己出作業的話，有的人會偷雞摸狗，說不定會直接叫父母簽名呀！所以呀，老ㄙㄨ還是你出功課最好了啦！

在這樣的過程中，發現到自己規劃自己的功課是有趣且值得的，那麼這功課就出得有教育的價值。而這位孩子的回應，更表達出可以體會老師的用心與苦心，值得鼓勵！

好吧！明天就讓他對著全班唸唸這篇回應，讓同學們再去深入的體會一下「學習究竟是為了誰好？」的道理吧！

創意作業——要認真讀書的理由

有人問我：「**要『喚醒』孩子把讀書當作自己的事，真的好難，到底該怎麼做呢？**」

我想我們該做的，就是不斷的讓他們去澄清自己腦袋裡的想法，其實他們都知道什麼是正確的、什麼該去做，但就是缺乏實踐的動力。

我出了這樣一個功課——「找出五個要認真讀書的理由」，就是要讓他們與自己對話，談談為什麼要認真讀書。不是找老師談，也不是和家長談。

聯絡簿收回來後發現，幾乎所有人都完成了這項作業。來看看他們寫些什麼吧！

這是最標準的答案：

要認真讀書的理由：1得到好成績，以後可以選擇更好的工作。2把書唸好，做事都充滿自信。3將來可以上好學校。4得到知識，可以受到別人的肯定。5得到好成績會很快樂。

為了「未來的工作」、「未來的好學校」，嗯，這應該是父母教得好吧！第二點、第四點則是寫出了讀書的優點，可以讓人「比較有自信」些。第五點最令我驚訝——「得到好成績會很快樂」。

除了外在的加持之外，這個孩子開始探討著內在的自我激勵，小小年紀能明白快樂的真諦，真的是很不簡單！

這個孩子走的是感恩派。

為什麼要認真讀書呢？1因爲讀書是爲自己好，好好讀書，將來就會有成就。2因爲老師平常在學校，一直拚命教不會的人，再不讀書，就會辜負老師的期望。3不讀書，就不好找工作。4讀書可以增加頭腦靈活度。5書中有無窮的樂趣。

「老師平常在學校，一直拚命教不會的人，再不讀書就會辜負老師的期望。」這句太讚了！一定要把這篇貼在班級部落格，讓其他人好好拜讀一下，最好把它給背起來。

當然，也是有小混的、不肯多寫的孩子。

1以後可以考到很好的大學。2可以當明星。3可以賺很多錢。4生活可以很好。5
不會讓爸媽擔心。

不過你看那最後兩句——「生活可以很好。」「不會讓爸媽擔心。」寫得多麼有道理！其實他們心裡都懂，真的！

不過也有寫錯的，明明是「理由」，一個個寫成「方法」，這樣的人數還不少呢！

1上課時專心聽講。2回家後再次閱讀今天的上課內容。3關在密室內。4把四周的
東西清掉，剩下功課。5關掉電視。

看來這孩子一定是《哈利波特》的忠實影迷，連「密室」都搬出來了！

認真完成功課的孩子，他們從作業中所獲得的回饋，絕對超乎我們的想像。

像孩子小琪說：

讀書雖然辛苦，但是努力一旦有了成果，換來甜美的果實，不就說明「開卷有益」的道理嗎？

認眞讀書也能增廣見聞，才不會淪爲井底之蛙，只有持之以恆、日積月累，才能獲益匪淺，也能成爲自己最大的寶藏。尤其現在的社會如此競爭，如果不認眞讀書，學習多樣專長，很快就被社會給淘汰了。總之，認眞讀書就是我們做學生最重要的事情。

嗯，寫得真好！將來的你，一定具備很好的競爭力！將來賺大錢、房子住不完，記得送老ㄙㄨ一棟。

創意作業——考試過後的深層想法

整個五年級的學測成績下來了，我不是很滿意。

不滿意的不是他們的成績，而是他們對這件事的認真程度。

五年級上學期一整冊的內容，題目並不難，有人輕鬆考九十幾分，也有人落到二十幾分，我知道自己的那種情緒其實是一種「擔憂」。我擔憂他們彼此之間的落差愈來愈大，而他們自己卻不自知。所以今天的作業，其中一項就是「弄懂國、數學測考卷，並簽名」；另一項則是在聯絡簿上寫篇短文，題目是〈考試過後的深層想法〉。

我跟他們碎碎唸了起碼半節課，我連我的童年回憶、家庭起居都拿出來說了，每個孩子的臉上既是表情凝重，又是點頭如搗蒜。我請他們好好想想這些問題，並且強調「深層」想法的重要性：「這次的考試結果，還有老師今天說的，對你究竟有什麼刺激、什麼想法，請你要去好好思考。要喚醒自己，要和自己展開對話。」

隔天，每個孩子的聯絡簿上都出現這麼一篇「深層想法」。有的孩子寫得中肯，並且認真看待這項作業。

這一次的考試，讓我知道一件事，那就是「不努力，就不會成功！」像我回家的時候，連課本都沒摸到，就只會想：「我一定會考得很好，最少也有八十分。」但是我錯了，當考試卷發下來時，我整個人都呆了。一想起我考得那麼爛時，我就想哭。媽咪每一天都用她的時間來陪我，也不能去看她愛看的電視，我就覺得我很對不起媽咪，又讓媽咪失望了！

對不起，媽咪！希望你能原諒我，下一次我要用心的去讀！

另一個孩子豆腐說：

這次的學測我考得不怎麼好，讓我好想哭！但經過這次的刺激，讓我知道幾件事：就是我上學期的學習態度不夠好，不過也有可能是因爲書沒讀好，讓我考得比較差。但是經過這次考試後，讓我眞的覺得自己要好好看書了！不然將來要跟誰比啊？我竟然還想要當醫生幫助人？我看我可能連大學都考不上了，還想要當醫生？眞好笑！

如果不充實一些知識，將來怎麼做人呢？想要讀好的學校和找到好的工作，就要好好努力讀書。這次的學測，眞的讓我這樣想。不過我常常是話這麼說，但好像都沒有好好的去做。所以我這次一定要好好的再重新我的新生活，我要改變我自己！

不過，有大多數的孩子，都是寫些「我覺得很難過，下次我要加油。」的內容。這樣的內容，只有一時的情緒，並沒有太多的喚醒效果。

所以隔天我又出了一項作業〈作文——考試過後的深層想法〉，並且教導他們該如何分段而深入的寫。我把自我對話的過程，升級成作文的層級。因為既然要做，就要做到有效果為止！

再來看看，作文裡的他們，是如何的和自己深層對話、如何的喚醒自己吧！

創意作業——考試過後的深層想法part2

讓孩子們從〈考試過後的深層想法〉的小短文，改寫成作文版之後，感覺上深入多了。**寫作文其實只是一種方法，我要的是孩子們能真正從這樣的作業之中，省思自己本身的讀書態度；並且喚醒他們心中那份重視感。**

作文前的引導，我曾經對他們說著：「這樣的作文，其實是你在跟自己對話。我希望看到的是真誠的文字，因為你沒有打動我，又要怎麼說服你自己呢？」

有些孩子寫得十分誠懇，讓老人家我看得眼眶微濕。

我稍微節錄一些文字，來看看他們是如何和自己對話的：

「我雖然都在說下定決心要讀書，可是我只是在嘴巴上說一說而已，其實我都沒有做到！我沒有做到老師說的話，只是一直在欺騙自己的心而已。」——肥肥

「老師曾經告訴我們一些話，我至今仍然記憶猶新。老師說：記憶有分長期記憶和短期記憶，這次的學力測驗，就是要把

短期記憶變成長期記憶。我覺得老師說得很有道理，可是我卻沒有身體力行。所謂溫故就是溫習以前教過的功課，才能把所有留在短期記憶的知識，變成長期記憶。在拿到學測成績時，對於自己的成績感到懊惱、羞愧不已；也對不起很多人，更對不起自己。很多地方都是自己粗心大意，在重新檢討數學考卷時，發現自己怎麼會錯得這麼離譜？考試時並沒有專心思考，這是不可原諒的錯。」——大哥

「我每次都說要努力，結果只是說一說，根本沒做到。我不敢讓父母知道，所以我都給爺爺簽名，雖然爸媽遲早都會知道。老師有說過：都沒辦法打動老師，又怎麼說服自己呢？這句話有道理，雖然我們不邪惡，但遇到學業我們應該更積極一點才是。」——呆嫻

「聽老ㄙㄨ的故事，我發現我多麼的幸福！老ㄙㄨ家以前並不富裕，但是老ㄙㄨ很有意志力，知道自己如果不讀書，以後就完蛋了。所以老ㄙㄨ就一直努力向上，至今才有這樣的結果。俗話說：種瓜得瓜，種豆得豆。我每天在學校嘻嘻哈哈的，沒有上進心。我覺得我的學習態度太懶散，我應該要向老師看齊。我在反省時，都只會說自己多麼不好、多麼不應該、多麼不聽話，但都沒有眞正的反省。我給自己的意見就是想辦法改變自己，不

要都只有表面的感覺，要想深一點。這樣才能發現自己眞正的弱點在哪兒。」——巫婆

本來只是想節錄一點他們感性的段落，但是不知不覺愈打愈多，不行、不行！再不停下來可能就要打到天亮了。這群小鬼，哪來那麼多成熟又懂事的想法呢？

我知道，一次的喚醒並不代表永遠的覺醒，但是這是一個好的開始。人總是要受點刺激，才能長大；也希望這樣的效果能一直持續下去！誰能把效果延續下去，誰就能最快跑到終點！

創意作業——複習的選擇權

這兩天是班上的期末考。早修時我拿起了一份國語練習卷，走上講台，這時突然台下傳來遍地的哀嚎聲：「什麼？又要考試喔？」「老師，不要那麼殘忍啦。」

我知道，這幾天他們考試考怕了，一看到練習卷就頭皮發麻。我當然心裡自有盤算，我在黑板上，寫了大大的幾個字：「想寫國卷者，自行享用！」在字的下方我畫了一個長長的箭頭，指向一疊練習卷。

我的用意就是希望他們能規劃自己複習的方式，而不需老師來強逼。

我順便也將答案給貼在黑板上了。雖然我背對著他們，但是我可以聽到一聲聲鬆了一口氣的輕嘆。不過說也奇怪，開始有人到講台前拿考卷回去寫，我想有些人是想試試考試前他們自己的實力，究竟到哪裡了。有的人是怕別人多寫、多拿幾分，也跟著趕流行來寫考卷。一張、兩張，不消幾分鐘，三十四張練習卷被拿到只剩幾張。

台下一片寫考卷的沙沙聲，大多數人都是專注的寫著練習卷，有的人則是跑到黑板上去對答案。看到這種畫面，我有點哭笑不得。

「咦？你們不是說不想寫練習卷嗎？」

有時候，我們強逼著孩子做我們期望他們做的事，反而會得到反效果；除了做得心不

甘情不願，更將大人為他們好的那分心意，變成了一種怨懟。這時我們就得學習鬆手！如果我們轉了個彎，讓他們擁有自己的「選擇權」——可以自己選擇要不要做，那麼孩子就會認真的思考：什麼選擇才是最正確且最有效益的，而做出最符合他們需求的決定！

複習的選擇權，你還給孩子了嗎？

還是有少數的「勇士」，選擇在考試前，看「國語日報」。

能力9

教別人功課，你會更融會貫通

孩子們常在聯絡簿裡寫著當他們去幫助其他人時，對於數學就有了更深入的體會。

有人問道：「老ㄙㄨ，你們班上哪來的那麼多小白板呀？」關於這個問題，老ㄙㄨ特地來解答一下。

我們班上的孩子從開學起，每個人都要準備一個小白板，作為數學課練習之用。每節數學課，當講解完數學的概念後，我會出個類似的練習題考考他們，算是形成性評量的一種。

孩子們必須立刻在小白板上寫下他們的運算過程及答案，當小白板亮出來之後，在台上的我，就可以一眼看到誰是已經聽懂的人，誰又是一知半解的人。

數學答錯的人，必須立刻重新計算；而答對的孩子，我會鼓勵他們去幫助仍未完成的人。這一來一往、互相幫助的過程，正是「教學相長」的最好示範。

孩子們也常在聯絡簿裡寫到若他們去幫助其他人時，對於數學就有了更深入的體會。

當然啦！我的題目是有層次的，題目會愈來愈有深度及難度；每答對一題，他們就會高興的歡呼起來。

「那我要出難一點的喔？」

「好哇，愈難愈好！」

於是有層次的解題，變成了「關公過五關斬六將」的英勇事蹟，孩子們真是愛死這種算數學模式了！我也很希望藉由這種過關的樂趣，讓孩子們達到精熟學習的效果！

個人的小白板運用熟練了，他們就會開始運用在各種課程裡的學習。例如：在社會課、自然課的討論中，他們會在小白板上寫下討論的內容；在國語課時，他們也會小組合力，寫下他們創造的最佳造句。於是我們就會將這些小組的小白板放置在黑板上，大家一起來欣賞欣賞，看看哪一組討論的內容結果最好！

其實要把學習變有趣，真的很簡單，頭腦轉個彎，活用身邊的小物品，就可以幫學習效果增強一甲子功力啦！

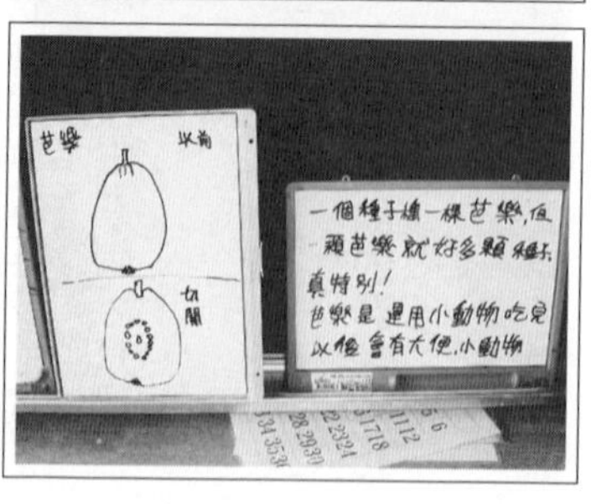

能力10

付出愛心——爲流浪狗找幸福

班上孩子的爸媽們，也被這群天使們所感動，開始伸出援手。讓人訝異的是，這群孩子正在思考著什麼樣的方式，對這些小狗狗們，才是最好的生存環境。

在孩子小甄的日記裡，突然出現了不尋常的事……

昨天，和弟弟還有幾個朋友去大新公園附近散步，結果看到了五隻可憐又可愛的小狗。看起來像是剛生出來的，可是，牠們

好像沒有母親？

唉～，不知道牠們是被遺棄的？還是因爲母親四處流浪，最後，生下了牠們？

這五隻小狗，有三隻比較活潑，喜歡和人類做朋友；有一隻是比較有個性的小狗狗，有時會想和人類玩，有時則在牠們的「家」亂咬垃圾；另外一隻是「完全沒有和人類有任何的互動」。上次看到牠們還會互相殘殺呢！眞的好可怕！

這五隻小狗都十分的可愛，可是我知道不可以因爲可愛而養牠們！我現在只想默默的爲牠們祈禱：希望五隻小狗都可以找到會用心照顧牠們的主人；希望牠們不要被壞小孩虐待，或是跑到馬路上被車撞，更不要互相殘殺呀！

五隻可愛的小狗狗，一定要找到會照顧你們的主人唷！

養寵物是一輩子的責任

天性善良的她，其實內心十分掙扎。她無法狠心丟下這五隻小狗，任牠們自生自滅；但她也沒有能力飼養牠們，因為課堂上老師教導過——養寵物是一輩子的責任。於是她急得只能暫時幫牠們做了個家，每天來看看牠們。

過了幾天，令人難過的事發生了。

明天就是除夕了，我和附近的鄰居一樣照常去看看狗狗。我一去看，奇怪？怎麼少了兩隻？鄰居和我說：「那兩隻狗狗昨天晚上，被車撞死了。」我完全不敢相信這件事。

那兩隻狗狗都是個性比較活潑的，就這樣走了？聽說，路人還把牠們丟到垃圾車上。這些狗狗已經夠可憐了，一生出來就被遺棄，一次遺棄就是五隻狗狗。五條寶貴的生命，一下子就失去了兩隻狗狗！

其實狗狗放在那裡也滿危險的，晚上一不注意，一衝出來，就會被車撞。現在這兩隻狗狗牠們也脫離了流浪的日子，只希望在天堂的牠們可以很快樂，投胎過好一點的日子！

狗狗，一路好走。

當我們把這群孩子教成天使之後，現實的殘酷面其實是非常傷人的。因為他們一旦接觸了，就再也沒有辦法冷漠的拂袖離去；但是，他們卻又時時刻刻必須面對內心深處、揮之不去的無力感。

開學後的他們，仍然有空就去看看這些小狗狗。天使團的成員愈來愈多，也愈多人一腳踏進關懷流浪狗的行列，卻每天得認清「自己無能為力」的窘境。

今天放學，我和小佑一起去看狗狗。沒想到又多了六隻，被棄養的都是可愛的小狗狗。到現在已經死了四隻了，我好害怕牠們又離開人世。台灣人實在太殘忍了，小動物也是有生命的，爲什麼要棄養呢？看著牠們眞的覺得好心疼！

今天我和小佑去看小狗狗之後，我和弟弟就拿著食物餵牠們，看牠們吃得津津有味，我就可以放心了！只希望牠們可以健健康康、平平安安的活下去！如果可以找到細心照顧牠們的人，那是最好了！

另一個天使團的成員，也急了……

老ㄙㄨ家可以養狗嗎？

老ㄙㄨ家可以養狗嗎？應該不行，因爲老ㄙㄨ住公寓。老ㄙㄨ，現在我、小甄、小秀、小涵撿到五、六隻小土狗，是被遺棄的。上次我們買了三包狗食去給牠們，牠們肚子很餓，吃得很快！

我們正在找主人，但是沒有人可以養。老ㄙㄨ，你知道有誰可以養嗎？牠們很可憐！

事實上我也曾幫忙詢問一些可以飼養寵物的人，不過都無功而返。

看了這些文章，其實我的心情也好沉、好沉。

我們總是以愛心與關懷來教導我們的孩子，如今卻必須讓他們獨自去承擔這種無能為力的痛苦。

台灣的流浪狗問題，實在是太嚴重了！大人隨意的丟棄寵物，已經造成某種程度的生態浩劫了。難道我們真要以這種「不尊重生命」的行為，來教導我們的下一代嗎？而當我們的孩子都已經踏上問題處理的第一線時，我們所表現出來的冷漠與遲疑，相較之下其實是幼稚得可笑。

還好，這個故事最近暫時露出希望的曙光……

在一個雜草很多的地方，有一堆被遺棄的狗Baby，沒有人可以養。在那裡很危險，因爲有些被大狗吃了，有些被車撞死，眞的很可憐！

今天終於有人可以養，那就是班上的包仔，不過他也只能養兩隻，還會有剩，不過可以減少一些擔心！之前，我和小甄會買狗食給牠們，摸一摸牠們，就算聽不懂，但我們還是會跟牠們說話。

前幾天，小涵和小雯也去看了，大家都很好心！我們會努力找有愛心的好主人的！

感謝老天爺！也感謝這麼有愛心的包仔和包仔爸媽。明天我要好好將這個貼心的包仔抓起來親一親！感謝他的無私與包容，也感謝他為我們「無能為力的感覺」開了一個出口，讓我們明白人間其實還是有溫暖。

孩子是天使

星期三的下午，天空飄著細雨，又濕又冷的天氣。

一群女生吃完午飯留在教室沒回家，問她們為什麼，她們笑咪咪的說：「今天我們要為流浪狗找幸福！」

早上我遇到包仔時，我微微笑的對他說：「要謝謝你囉！」他說：「沒有啦！還要回家問一下媽媽，不一定啦！因為我們家之前已經養了一隻流浪狗了。媽媽說最多也只能養兩隻……」

「不管如何，還是謝謝你！」話說完，順便抱了一下包仔，包仔臉上露出不好意思的表情。

因為下午要開校務會議，我沒有辦法跟著她們去送小狗狗到包仔家。所以我讓她們帶著我的相機，把小狗們的可愛模樣拍回來。

一直快到傍晚五點，這群孩子才回到學校。孩子開心的告訴我今天下午發生的事情，臉上漾著興奮的神采。

五、六個女生來到了小狗狗的「家」，那是個雜草叢生、人煙稀少的荒廢空地。最先發現小狗狗的小甄，這幾天因為身體不舒服而住院，但也刻意趕了過來。看到因為天氣冷而不停發抖的小狗狗們，一些怕狗的女孩子，再也顧不得自身的害怕，心疼的抱起小狗狗，並且用她們的衣服幫忙取暖。

看到小狗狗們抖成這樣，她們靈機一動想到了獸醫院。

身上沒有半毛錢的她們，仍然硬著頭皮走進了獸醫院，和醫生說明了緣由。

好心的獸醫師為小狗們進行了簡單的治療，並且也為小狗們處理寄生蟲的問題。

孩子們說：「可是……我們沒有錢耶……」

「因為你們看起來很有愛心的樣子，所以這次免費，不收你們錢喲！」獸醫師對著她們眨眨眼，並且笑著說。

孩子們歡天喜地的走出了獸醫院，並且抱著三隻小狗狗走到了包仔的家。

包仔先將原先的大狗趕進了樓上的廁所，並且為小狗們套上了狗環，神氣的在家中來回的遛著。孩子們又是開心又是大笑，在包仔家和小狗狗們玩了一下午。

一不小心，小狗狗們還在包仔家留下了滿地的「見面禮」，害得她們連忙清理這突來的「危機」。這件事也成了她們當天感人的行程中，最爆笑的一段！

最後，包仔的爸媽暫時留下了三隻小狗。雖然不知道未來要如何處理，空地上也仍有好幾隻的小狗狗，但是這整件事情，聽在我的耳裡，心裡卻是非常的感動。

不知怎麼地，我想起了天使，也微濕了眼眶……

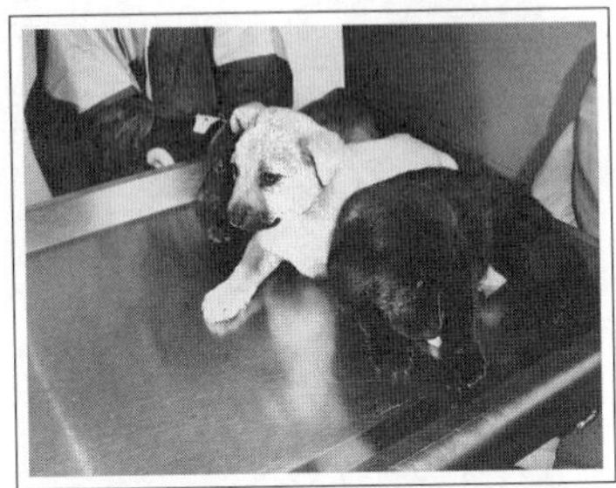

有愛心的獸醫院，以及正在等待接受治療的小狗狗。

來到包仔的家。

包仔和小狗狗。

生病的小甄刻意趕來。

其實我本來很怕狗。

心疼小狗狗，趕緊用自己的衣服幫牠們取暖。

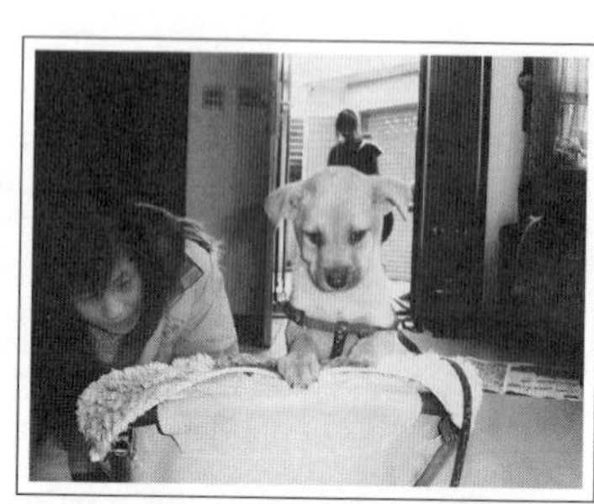
生病的小甄和小狗狗。

是不是很可愛呢？

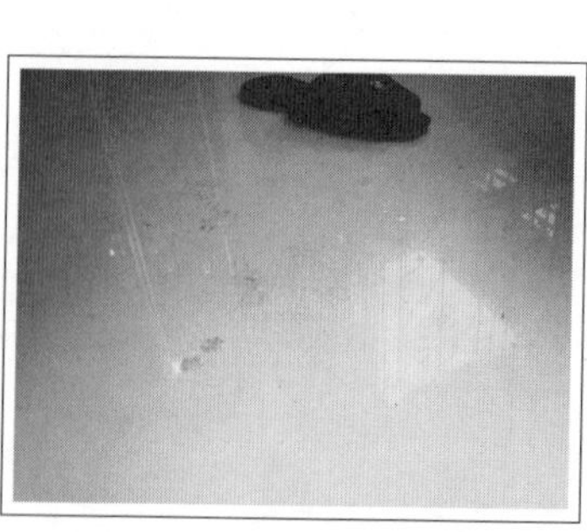
哇！見面禮！

今天的聯絡簿，滿滿都是孩子們「為流浪狗找幸福」的日記。

小雯和小伶在看到獸醫師處理小狗的寄生蟲問題時，流下了難過的眼淚；住公寓的小宣，媽媽竟然說出如果她考前十名，就願意讓她飼養小狗；小涵也到處幫忙找可以飼養小狗們的主人，聽說她的補習班老師有點心動……

天空飄著細雨，天氣十分的寒冷，但我們的心底卻有種暖暖的感覺在流動著。狗狗們幸運的遇上了大天使和小天使們，而我們的生命，也因為這樣的故事，變得柔軟而深沉了起來。

孩子們在聯絡簿裡，開始寫起了「狗狗日記」。寫著她們到荒地裡去探視其他的小狗狗，寫著她們到包仔家拜訪幸運的小狗狗，還寫著她們與狗狗歡樂的回憶，也寫著小狗狗不幸離去的消息。

第三天了！太好了，今天又有人要領養狗狗了，一個人已經確定要養一隻了……不過有一隻比較大的都沒有人要耶，再加油吧！

耶！狗狗有家了！

嚴肅的生命課題

孩子小秀說：「草堆裡還有兩、三隻（小狗狗），不知道救牠們，對牠們好不好？流浪狗太多了，救也救不完，這算是自作自受的一種嗎？人類把狗丟了，對我們也不好！千萬不要因爲狗可愛就養牠，養大了又丟掉！這種人最沒有公德心了。」

救與不救，都是嚴肅的生命課題。

事實上他們也知道，流浪狗的問題太過嚴重了，這根本不是小小的他們就可以完全解決的。

「這算不算是自作自受的一種？」人類對環境、對大自然的破壞，造成許多無法彌補的傷痛，而人類現在正必須去面對過去做的所帶來的反撲後果。

另一個孩子小甄也說：「原本還有一個人說要養（還在空地上的小狗狗），可是我們都抓不到。我也不想抓了，因爲狗狗已經只剩兩隻，如果再把一隻抓走，就只剩可憐的一隻了。老ㄙㄨ，爲什麼人類那麼殘忍，我眞不懂！爲什麼人類就不可以和同類、動物好好相處呢？」

搶救小小流浪狗的行動，已經接近抉擇的時候了。不少小狗狗已經順利送了出去，班上孩子的爸媽們，也被這群天使們所感動，開始伸出援手。

讓人訝異的是，這群孩子正在思考著，什麼樣的方式對這些小狗狗，才是最好的生存環境。同時，在他們的文章中，除了表達出強烈的不捨與不忍，更有著對大人殘酷世界的控訴！

「老ㄙㄨ，爲什麼人類那麼殘忍，我眞不懂！」

能力11 學習同理心與感恩心——假如我沒有雙手

學生的心得：「今天體驗沒有雙手的口足畫家，如果眼睛是靈魂之窗，那雙手該稱它是身體上的靈魂，不可或缺。今天同學們拿起畫筆用口咬住作畫，結果不但畫不出一幅好畫，還把別人的衣服弄得五顏六色、慘不忍睹……」

這學期學校推動的特殊教育宣導，全五年級的共同主題是「假如我沒有雙手」體驗活動。讓學生們體驗沒有雙手的辛苦，也藉此培養他們對身心殘障人士的同理心。

在班上，我先播放了《用腳飛翔的女孩》蓮恩瑪麗亞的影片，當孩子們開始感受到這些身殘心不殘的偉大人士，所散播出來的熾熱生命力時，就是讓他們體驗沒有雙手的好時機了。

我請他們帶著著色用具來，讓他們彼此將對方的手綁起來，用嘴巴咬著筆，每一組開始繪製一張大海報。

我想，現場只能用「手忙腳亂」，不，可能用「『嘴』忙腳亂」來形容更為恰當。平常使用雙手做事習慣了，一旦雙手被綁起來，什麼事都不能「順『手』」的做，真是一件極為辛苦的事。

原本活動剛開始實施時，我們的雙手是綁在前面的，不過也因為難度太高，有些孩子還是會偷偷用手來畫圖。最後，我們一律統一動作，雙手全部綁在後頭。這下子，他們插翅也難飛了！

其實這個動作真的是很辛苦，有的孩子一直在哇哇叫：「老師，水彩筆都被咬到滿嘴木屑了。」

還有孩子說：「老師，我的口水都不由自主的一直流下來。」

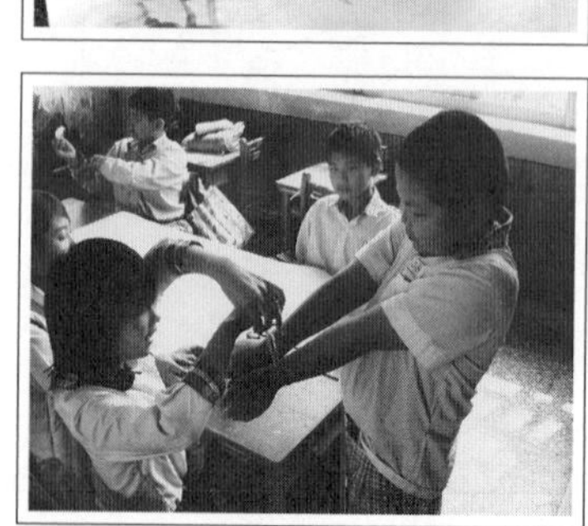

除此之外，把自己的衣服畫到，或是把別人的衣服弄髒的人，也不在少數。

衣服一直「中獎」的嫻嫻，一直非常「勇者無懼」的說：「沒有關係，回家不會被罵。」

後來，我眼看現場情勢全面性的失控，只好大叫：「所有人把雨衣穿起來！」

幸好當天的氣溫很低，所以穿著雨衣作畫，感覺是既「溫馨」，又充滿「詩情畫意」。於是整間教室裡，呈現這般奇異的景致。

忙了兩節課多，這六張大海報總算大功告成了。

孩子們的眼眶中，多半含著淚光。我想，是因為嘴巴太痠、口水流太多的關係吧？

當天我使了一個小詐，把原先要寫的〈最快樂的事〉的短文，變成寫〈假如我沒有雙手〉短文一篇，果然收到不少孩子賺人熱淚的感人心得。來看看他們怎麼說吧：

今天體驗沒有雙手的口足畫家，如果眼睛是靈魂之窗，那

雙手該稱它是身體上的靈魂，不可或缺。今天同學們拿起畫筆用口咬住作畫，結果不但畫不出一幅好畫，還把別人的衣服弄得五顏六色、慘不忍睹……

結束這次體驗活動，一股同情心油然而生，之前都覺得用嘴巴畫畫是一件輕而易舉的事，所以我要很誠懇的跟身心障礙者說：「你們眞是勇士，我永遠佩服你們。」

另一個孩子則是有感而發的說：

今天的兩節綜合課是我第一次上過的課，以前上謝坤山那課時，也只有把課文唸一唸而已。今天我們這組連要畫簡單的圖形時，竟然都畫不出來。還有我們要畫一朵花時，花卻看起來像垃圾，所以當個口足畫家眞的很難。

能力12

學習與父母更親密——洗腳活動

可以感受到：實施這樣的洗腳活動，會觸發孩子對於孝順本身產生極大的共鳴；而且這樣的影響力，是持續且漸進式的發酵中。

延續著一波又一波的感動，今天我們要將一系列的母親節感恩活動推向最高潮，也就是「洗腳活動」。

一開始推「洗腳活動」時，其實我心中不停的嘀咕著：「洗腳跟母親節，到底有什麼關係呀？」我也不太相信正值血氣方剛的六年級學生們，會心甘情願的蹲下來為媽媽

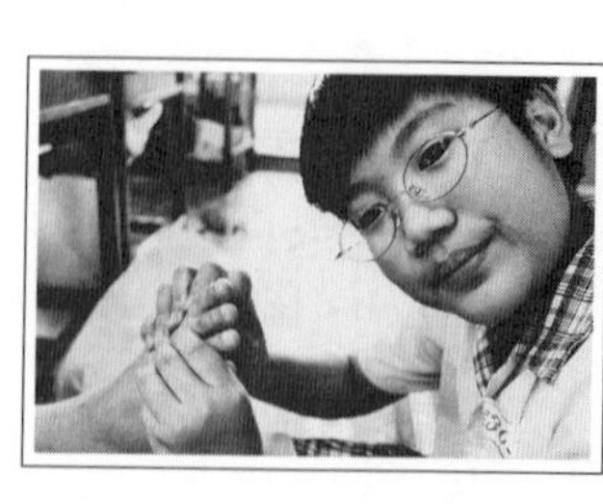

洗腳，我看他們有可能是虛應學校作業的心態比較多吧？

為了能漸進引導學生感恩的心情，我們先利用綜合活動時間，放映了一部感人電影《背起爸爸上學去》給學生觀看；隔了一個禮拜，又讓他們欣賞了某國中的孝行實施紀錄片。

原本枯燥無味的紀錄片，學生們竟十分有感觸，紛紛在聯絡簿上寫著感人的話語：

「看了洗腳的影片，我才知道我之前都跟媽媽在對決！媽媽最近的頭髮白了好多，每天都不斷的工作、整理家務、煮飯，卻不讓我們幫忙，她說是因爲要讓我們去做自己的功課。但是我卻把成績搞得這麼差，也讓媽媽一直都心情不好。今天看完這個影片，我才知道媽媽的責罵都是爲我好，而我卻一直以爲她是沒事情就罵我，所以我做錯事也不當一回事！這次我要改過來，好好讀書，要讓媽媽天天開心，把妹妹管好，不再跟她吵架了。」

即將實施「讓孩子回家為媽媽洗腳」的感恩活動，不過我擔心孩子回到家中不敢蹲下來，於是我讓他們在學校先和同學實習如何洗腳。

孩子們帶來了各式各樣的洗腳道具——臉盆、香皂、毛巾、海鹽、乳液，磨刀霍霍的，準備進行這個前所未見的新奇活動。我請全班兩人分成一組，一人先洗，另一人坐著享受；等到洗完畢之後，再換另一人就位。這洗腳的步驟，首先用香皂將腳洗淨；之後再換成海鹽，幫忙去角質；最後，把腳擦乾，接著上乳液。

在輕輕的按摩中，除去父母一天下來的疲憊。這過程中，必須保持恭敬心，並且隨時細心的問候父母：「水溫可以嗎？請等一下，我先換一下水。」

藉由親子肌膚接觸的機會，共同感受心中那分愛的電流與親密互動的時刻。

先準備好肥皂，準備將對方的腳洗乾淨。

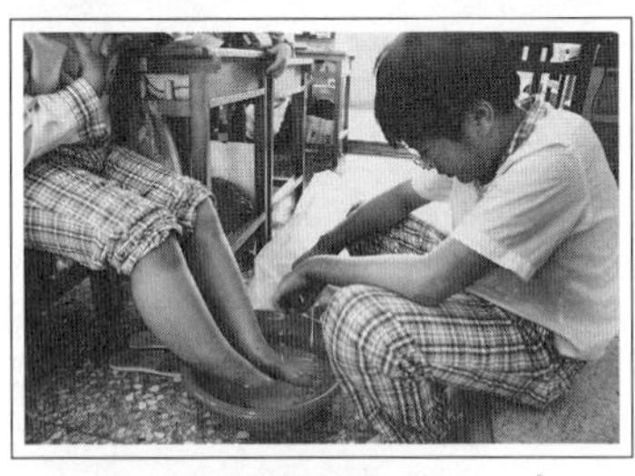

沐浴乳也是不錯的選擇啦！

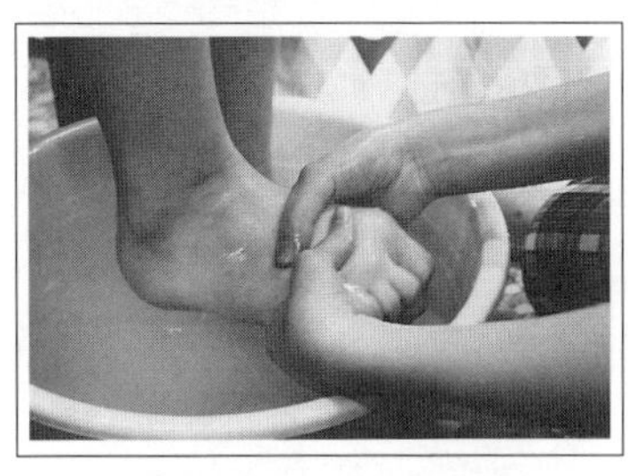

仔細的搓揉，給予對方舒適的感覺。

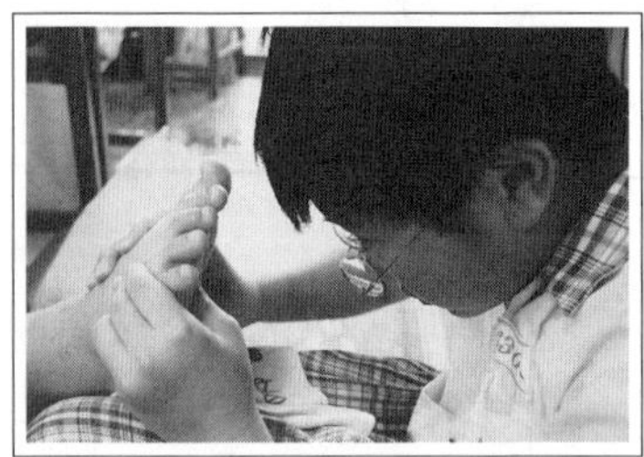

看起來大而化之的孩子，沒想到那麼溫柔！

先看一下洗腳步驟，看看有沒有遺漏的地方？

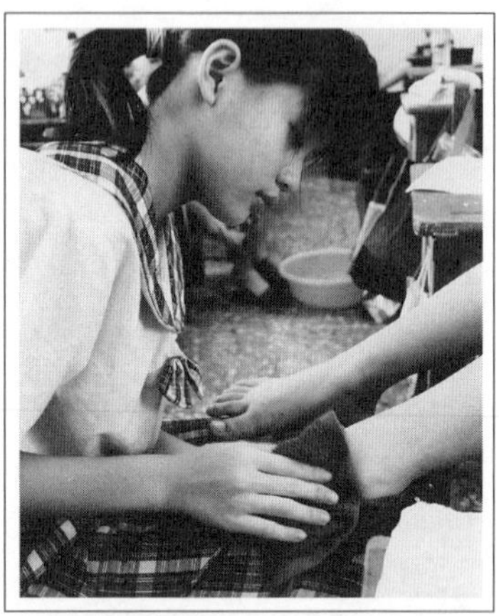

再將對方的腳擦乾。

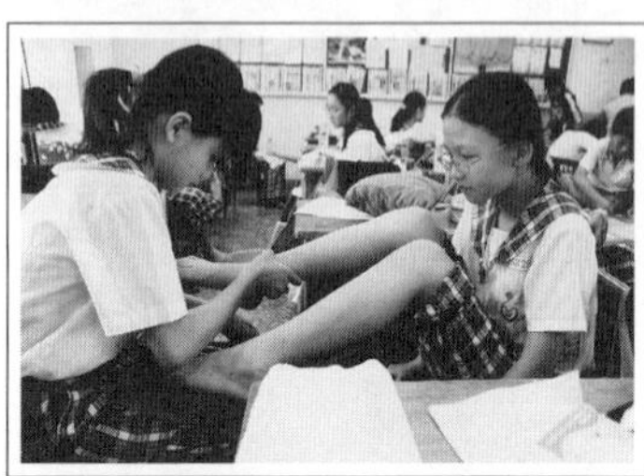

倒一點乳液。

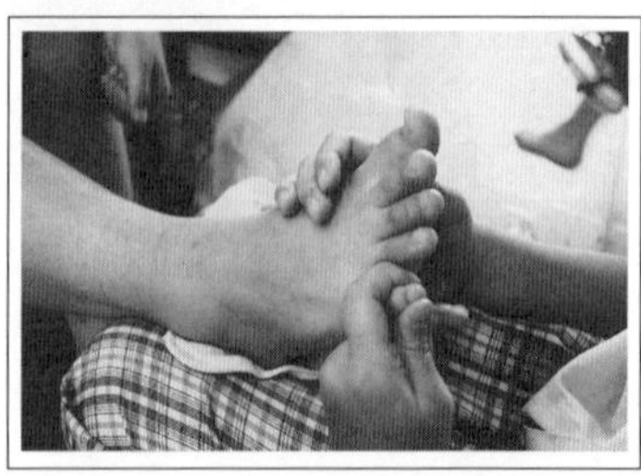

再用舒服的力道，輕輕按摩對方的腳。

生平第一次被人如此的肌膚親密接觸，怕癢的孩子們在教室裡，忍不住驚聲尖叫、全身亂抖。

然而「腳」現在正在別人的手上，縮不回來也逃不走，只能任憑對方擺佈。

我提醒他們，應把眼前的同學當作是自己的父母，以恭敬的心來為對方服務。體貼的孩子，甚至為對方細心的做起腳底按摩來了。

明明是極大的享受，怎會開懷大笑呢？

這麼怕癢？（後頭還得有人抓著他全身）

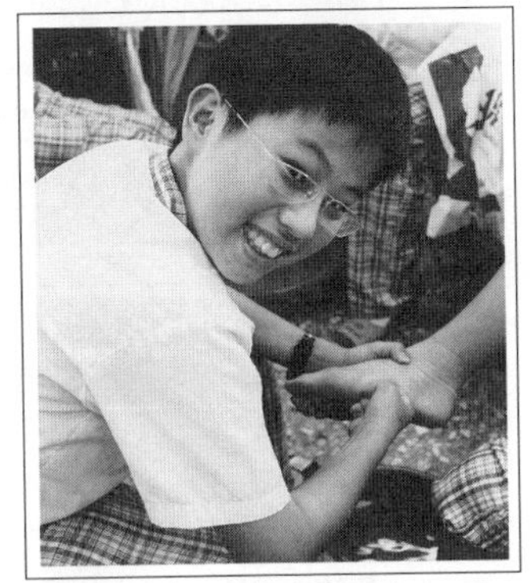

呃……我知道，你是在報復。（大家瞧那狠勁……）

何其榮幸的，幾位孩子對著我說：「老師，你要不要也來享受一下呀？」

我驚訝的問道：「老師我也有呀？」

「嗯，會很舒服喔！」四、五個大男生圍了過來，開始手忙腳亂的動手洗我的腳。

這是多麼尊榮的享受啊！不但有人細心的洗著我的腳，還有人幫我上海鹽去角質、上乳液做腳底按摩，背後則有另一學生按摩，耳朵裡還被塞進了MP3隨身聽，在音樂聲中享受著舒服的洗腳活動。

怕癢的我，一方面不住的抽搐著（還狂笑得挺誇張的）；一方面卻又感動莫名。

我可以感受到他們是真心的喜歡我這個老師，也願意為老師多服務一些。

師生之間濃厚的情誼，就在這和學生直接的親密互動中得到驗證。

「不枉我這麼真心的待你們了。」這麼一想，眼眶裡有些泛濕。

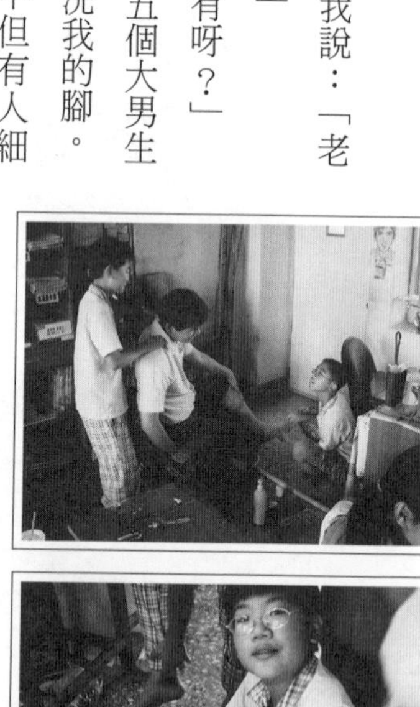

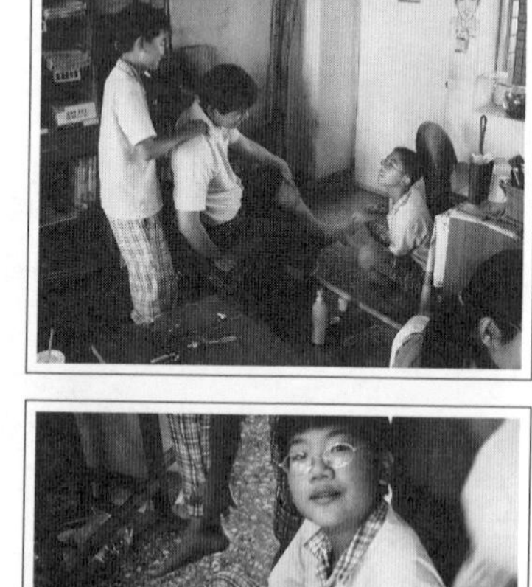

期盼藉由這樣的活動，有更多的孩子學會體貼父母的心；也期盼有更多的家庭，在這樣的活動中，能夠享受到親子心靈交會片刻的美好感覺。

這真是一個好活動，誠摯的推薦給大家！

洗腳活動餘波盪漾

自從將班上的洗腳活動報導出來，餘波盪漾，至今仍未平復。

首先是「洗腳體驗活動學習單」裡的回饋。

學習單收回來後，我發現絕大多數的學生，都完成這項神聖的作業，而許多家長則是寫下洗腳當下心中的感動。

一位媽媽說：

三、父母或家人的回饋：

一開始，我並不贊成這個活動，我要的是孩子能夠天天幫忙分擔家事，而非母親節到來時才舉辦這種應景的活動，但在孩子懇切的要求下，我勉強答應幫她完成這項"功課"，看著她熟練且耐心地為我搓揉雙腳時，我不禁感動了起來。尤其她認真地為我按摩，不僅讓我心情放鬆，並且讓我感受到母女之間心靈的交流，原來我的女兒這麼棒！我該感謝老天爺給了我這麼一位貼心的女兒！

「一開始，我並不贊成這個活動，我要的是孩子能夠天天幫忙分擔家事，而非母親節到來時才舉辦這種應景的活動。但在孩子懇切的要求下，我勉強答應幫她完成這項功課。看著她熟練且耐心的爲我搓揉雙腳時，我不禁感動了起來。尤其她認眞的爲我按摩，不僅讓我心情放鬆，並且讓我感受到母女之間心靈的交流，原來我的女兒這麼棒！我該感謝老天爺給了我一位貼心的女兒！」

另一個男學生則是寫道：

「我從小到大，大部分都是媽媽在幫我洗腳，今天則變成我來幫媽媽洗腳。我從沾濕到按摩，第一個步驟到最後一個步驟，我都用最舒服的方式來幫媽媽洗腳。在洗的過程中，媽媽好像在哭，不知道是不是因爲我這舉動而哭，還是太癢笑到哭呢？」

其次是有網友，跟我要了洗腳活動的活動說明及學習單；還有人問到那些影片是怎麼回事？電子報讀者紀妹，告訴我她真的打算在母親節當天，和妹妹一起進行「成人

版」的洗腳活動。（別想歪！我指的是連身為大人的她，都想要幫媽媽洗腳。）

學校也將這樣的活動轉載到縣府新聞上，這樣的影響層面，好像愈來愈大。不過，我還是最關注在我們班孩子的身上，我時常在想：這樣的活動，究竟會為他們帶來什麼後續的影響呢？

班上有位單親學生，親媽媽住在別縣市，平時她和阿姨一家住在一起，也稱大阿姨為媽媽。所以她總是說：「老師，我很幸福喔！我有兩個媽媽。」

洗腳活動實施時，她由於身在阿姨家，無法幫親媽媽洗，只好先幫大阿姨洗。阿姨文筆不好，卻留下感人的回應。

今天星期一，在孩子的聯絡簿上，發現她上個星期日的行程。她說：「我回到家，

「爸媽感謝你為我們洗腳，心裡真感動！這種感動不是用言語能表達的，而是一種心靈享受！」

真的幫我媽媽洗了一次腳（這次是親媽媽），媽媽好感動喔！」

可以感受到：實施這樣的洗腳活動，會觸發孩子對於孝順本身產生極大的共鳴；而且這樣的影響力，是持續且漸進式的發酵中。不僅孩子本身受用，連兩個家庭都因此受惠。

我相信，這兩個美好的夜晚，也開啟這三位母女之間深層的心靈交流。

能力13 要學會溝通

臨下課前，我問全班說：「你覺得你在這堂課中，有收穫的請舉手。」結果幾乎全班都舉了手。

我看著之前杵在那兒不敢講話的學生，彼此會心的笑著。

在健康與體育的課程裡談到與人相處的藝術。有鑑於班上有些孩子一直人緣不好，他們常在聯絡簿裡問著我：「老ㄙㄨ，為什麼大家不和我當朋友？」「老ㄙㄨ，為什麼他們都討厭我？」……我常叫這些孩子過來談天，試著告訴他們關於這人生的大課題，

不過他們總是閃著無神的眼睛望著我，眼神始終無法聚焦。我想這一個單元，正是個很好的機會教育！

課本裡提到的「與人良好溝通的四項小技巧」，裡頭說明了良好的溝通，應該包括：1用真誠的眼睛望著對方。2用心傾聽。3適當的肢體動作。4適時的回應。

我詳細的為他們解說，並且還幫他們多加了一個小技巧「拋球哲學」：**人與人之間的溝通，就像是相互在拋球，必須持續有人丟球、有人回應**，否則遊戲就玩不下去了。孩子們一副有聽沒有懂的樣子，不過沒關係，接下來就是好戲上場啦！

我請全班起立，彼此去找一個「不太熟的同學」，這個人必須是跟他自己不同社團、很少坐在一起、沒講過幾次話的同學，甚至是自己「很討厭」的人。

全班配對完畢之後，我請他們找個舒服的地方，開始「聊天」。

聊什麼呢？天南地北的鬼扯淡。不過要把握老師剛剛指導過的「人際溝通小撇步」，運用這種技巧去練習與人溝通的本事。

「想要人際關係好，就要聽老師的！因為老師會帶你上天堂；不聽老師的，直接就讓你住套房。」我被股市張老師附身般的說著。

可以很快的發現，有些孩子天生具有「人際關係」的「多元智慧」，一下子就能和對方聊開了，而且笑聲不斷，充分享受愉快的聊天時光。有的組別，則需要好長一段時間，才會醞釀出那麼一點聊天的味道來。

等到每一組總算聊開了之後，我再更進一步下了猛藥：「剛剛我發現，很多人都是找同性的聊，現在，每一組要找異性來聊天，每一組內只有一個男生，和一個女生！」

這個規定讓大家嚇壞了，雖然大家都是同學，但男生與女生之間，還有段神祕的距離。

瞧他們一對一對的坐在一起，個個神情緊張的模樣，教室裡彷彿彌漫著一股「來電五十」的脫口秀氣氛，真是有趣極了！

看到有些組別天生搞自閉，我就忍不住想補上一劍：「有些人，一下子就聊開了，有些人則沒有辦法。要盡量去想話題，話不要中斷。如果你沒話跟別人說，代表你真的需要去突

破自己。努力刺激自己去培養與人相處的能力吧！」

有些學生問：「老師，究竟要聊些什麼呀？」

「你要對對方感到好奇，自然會有一大堆問題跑出來。」我說。

一邊要想話題，一邊還要聽訓，真是辛苦這些孩子了。

不過我慢慢發現，時間一久，他們也慢慢的掌握了和人溝通的祕訣，眼神透露著有趣的神采；一個問題接一個問題，問得愈來愈有深度。

「哈哈，沒那麼簡單！接下來每一組的男生起立，再和旁邊的另一個男生交換組別！」

呵呵呵，又是一陣慘叫聲傳來。

不過這次我發現，很快的他們就上手了，果然，**「練習」真的是「學習」的好幫手。**到了第三次練習時，連不愛說話的孩子，也能有一句沒一句的搭著。

這真是一堂充實的課！

臨下課前，我問全班說：「你覺得你在這堂課中，有收穫的請舉手。」結果幾乎全班都舉了手。

我看著之前杵在那兒不敢講話的學生，彼此會心的笑著。

這群孩子被我逼到絕境，只好硬著頭皮去面對自己，激發出更多的潛能來。

在這樣實際的練習過程中，我相信，將來他們與人溝通的技巧，絕對比起「從小沒被老師教導過人際關係課程」的我，好上太多倍啦！

能力14

激發學習動機，更有學習的樂趣與成就感

看到這個孩子寫到「眼眶泛著淚水」，著實令我訝異。我能體會她所描寫那種苦盡甘來的心境，畢竟這數學的進步並不是憑空得來的；而是她每天晚上不斷的挑燈夜戰，面對自己學習上的習慣與錯誤，以致於終於能享受這甘甜的滋味。

故事一開始

在班親會中，有許多家長反映：「現在的課程進度太簡單，能否加深？」我嚴正的跟家長們回應：「其實我也想帶著班上的孩子向前衝呀！但是據我觀察，現在的孩子，程度幾乎已成斷層；在前面和在後面的學生，有距離相當大的落差！這是因為較為重視課業的家長，早就開跑，讓孩子拚命上補習班；落在後頭的，則是家中經濟較不允許的孩子。但是**我不可能放棄這些中、後段的孩子**，於是這數學課上起來，難免嫌簡單或是進度太慢……」

我有感而發，對著全班孩子說：「老師很心疼有些跟不上進度的同學，尤其是家中經濟較不允許的那些人。因此老師有個大大的想法，看看是不是能幫助這些課業需要加強的同學。老師決定每天放學後的一個小時，留下來陪你們算數學。從四點十分到五點十分，只有一個小時，如果你覺得自己的數學真的要好好加強，那你就留下來吧！」

為了讓孩子們確實明瞭這裡頭老師的苦心，我特地開出以下的條件：

參加對象：在外無參加安親班或是數學補習班者，只有參加英語補習班的亦可參加。此外，雖有參加外面補習班，但有特別情況，可以跟老師單獨談談。

參加態度：老師每天犧牲一個小時留下來，所以要讓老師覺得「這是值得的」。學習態度尤為重要，來到這裡需要全力以赴，否則會被老師叫回家去。

並且要尊重老師，不可以有愛來不來的態度，每天放學的行程老師都得清楚掌握。

（我有請孩子們做一週每日出缺席情形的登記，並且加註缺席原因。）

實施時間：每天一個小時，時間到老師馬上下課。

這是要讓孩子懂得珍惜時間。我也與這些孩子說明白，我也是在實驗，實施時間大概是一個月。若實施情況良好，讓老師覺得很值得，那老師也許會繼續實施下去；若是實施效果不好，那老師也可能一個禮拜就停掉了。我也請他們給我一點時間，因為來的同學太多，而且素質不一，實施的方式老師仍在摸索中。

與家長的聯繫：我請孩子自行跟家長說，而非我出面與家長談；願意參加的，請家長於聯絡簿上註明。

這幾天我發現這種由孩子自己講的妙用，因為這是他們想要的，而不是我和家長溝通後、由家長強制孩子參加的。

他們的學習態度十分高昂，因為他們真的想好好提升一下自己的數學能力！

來的孩子，竟然高達十來個，已經佔全班三十四個學生的三分之一了，很顯然的，他們真的有聽進去我平時的碎碎唸。但是來的人素質不一，有每次考試前五名的優等生，也有平時上課總是飄浮在雲深不知處的孩子。於是我的第一要務，就是先分組。

我將參加的十來個孩子分成三組：「資優組」、「中等組」、「極待加強組」，分坐三排。我還為他們心理重建：「分組的用意，是讓老師更有效率的幫你們，絕沒有任何的鄙視之意。」

接著分派他們功課：「極待加強組」的孩子，先做今日的數學課程研討。同學之間交換今日彼此的上課筆記，並且用討論的方式，讓彼此能清楚了解今日的上課內容。我交由他們自己去討論，用他們自己的語調，可能會更容易理解吧！討論完畢之後，我請他們做習作題目的練習。

「中等組」則是運用之前全班訂的《數學總複習》一書，挑單元讓他們練習；並且請他們一有問題就舉手發問。我會走過去幫他們，試著幫他們找出數學的盲點。

「資優組」則是讓他們自修算圖解數學裡的題目。圖解數學內的題目超難，規定進度給他們自學，他們也樂在其中。

我在這一個小時內，不斷跟他們耳提面命：「想要讓這一個小時有效率的學習，就只有幾個方法：第一，就是請你們不斷的算題目，逼得你不斷去接觸數學。第二，就是只要有問題，就馬上舉手，我會趕過去看你錯在哪裡，試著診斷你的問題何在！」

學生會了之後，不可以看老師的解法，要把答案擦掉，重新再算一遍。統一的題目，我會在黑板上講解；如果是計算錯誤，我甚至會讓學生連續算五次，算到不可能再錯為止。並且告訴他們，這是在治他們老是粗心大意的毛病，並且扎扎實實的做好基本功。一個小時其實很快就過去了，我在這個小時內，幾乎是滿場飛，孩子們說：「老師，你真忙！」他們看在眼裡，其實心疼得很。

同時我會不斷提醒他們：還有三十分鐘……還有二十分鐘……還有五分鐘……他們感到時光的飛逝，不認真把握留下來的時間怎麼行呢？

昨天第一天試行，今天就有許多孩子在聯絡簿上留言，其中一位寫得十分感性：

> 我爲全班同學高興，有這麼好的一位老師教導我們。假日無聊時可以陪我們聊天，數學進度跟不上時，還利用放學後一個小時幫我們加強。老ㄙㄨ，您是我們最好的老師了！

這是我第一次這麼嘗試，真心希望對這些孩子有幫助，希望窮孩子也能出頭天……

數學課後補救教學後續報導

剛開始只是單純的發想：希望窮人家的孩子也能出頭天，因此在班上實施數學課後補救教學，希望他們能在數學方面得到應有的照顧。沒想到，這一實施下來已經將近兩個月了。

在這段期間中，孩子們經歷兩次的段考。

第一次段考，因為距離剛實施數學課後補救教學沒多久，所以看不太出來成效。有孩子當時考差了，都覺得對不起老師，因為他們沒有把實力發揮出來，怕讓我失望……

今天老師已經發數學月考考卷了！我考了七十八分，我好想哭。我非常對不起老ㄙㄨ，每天算數學，還考這樣的分數？我其他科目都考得不錯，就只有數學。

不過，這麼短的時間內，怎能看得出效果呢？所以我還笑笑的安慰著他們：「下次加油就好啦！」

上個禮拜，進行第二次段考，這十幾個孩子的成績都明顯有些進步。

班上前五名學生的其中三位，仍保持著極高的數學水準。他們能有這樣的好成績，我並不意外，每天大量的拚命算數學題目，還有什麼題型沒看過呢？幾乎快把圖解數學翻爛了的他們，覺得考試一次比一次簡單。

老ㄙㄨ：我告訴您喔，之前，我還沒給您補習時，《數學總複習》中因數單元的基礎篇，我有滿多不會寫的。結果一直練習那本圖解數學之後，今天寫的因數進階篇，我全部都會寫；而且，一看到題目馬上就知道怎麼算。眞的好棒！後來我請爸爸幫我對答案，結果爸爸說全對。謝謝您老ㄙㄨ，我好開心喔！這樣算數學眞的有用，希望其他人也能跟我一樣有進步！

還記得我將來參加數學課後補救教學的孩子們，分為三個等級嗎？中、低程度的孩子，也明顯感受到自己的進步。

其實最大的進步，不在於我教了多少，而是他們會開始靜下心來，認真的算每一題。這樣一步一腳印的過程，我稱為「打穩基本功」。

每天花一個小時，踏踏實實的算數學，這是之前他們完全沒有的學習習慣。因此慢慢的，當他們感受這其中的成效，自然也就重新發現算數學的樂趣了！

> 這三個數學單元還滿難的，如果認眞的學習自己就會覺得很簡單。我最近已經覺得數學愈來愈好玩、愈有趣了耶！非常謝謝老師您，我的數學本來很爛，被您一教就會了。老ㄙㄨ，You are a神。

這一段時間實施下來，我發現這種模式的數學課後補救教學，不再是「老師教，學生學」的學習模式了，而是提供一個「學習場所」，營造一種「學習情境」，讓孩子透過同儕的力量、彼此合作的互助情境，甚至是小小的競賽壓力，來學習「讀書的方法與習慣」，以及獲得「學習的樂趣及動機」。

> 今天上數學課後補救教學時，我看了看時鐘，已經四點半了；過一會兒我算了幾題數學，我又回頭看時鐘，發現已經五點十分了，結果老師就說要放學了。我恨不得再多算幾題，享受那解題的歡樂！

在每天的數學課後補救教學過程中，可以發現孩子彼此之間是互助的，三個組別井然有序的練習著屬於自己程度的數學題型。遇到難題時，他們會彼此討論較難題目的解法；若真的不會，再去尋求較高程度同學的支援。

這些較高程度的孩子，已經被我訓練到能隨時發揮如天使般樂於助人的光輝。當看到有人發出求救訊號時，他們會主動跳出來，義務性的幫忙解答問題。講解時的細心與反覆教導時的耐心，有時連我也比不上。

我也鼓勵其他程度的孩子，主動幫忙他人解答數學難題。在教別人的時候，其實是對自己思維的一種整理。所謂「教學相長」，在這些孩子的身上，發揮了極大的功效！

> 今天下午，當大家都很認真的寫數學測驗卷時，第三組的同學一個一個的過來問我題目，而我就教了他們。結果兩分鐘後，大家又輪流過來，所以我教了很多遍。因此，今天我做了一件大善行！耶～！

如同孩子在聯絡簿上所言的：「其實老ㄙㄨ開數學班，不只可以讓大家的數學進步，還可增進同學間的情誼！」這樣的課後班，不僅拉近了同學之間的距離，並且讓他們打破男女之間的隔閡，成為無話不談的好朋友；同時更能在融洽、愉快的學習氣氛中學習。

對我而言，我能更親近孩子們的心，卸下白天中規中矩的形象，更自在的和他們打成一片。

有時他們會跟我說起他們之間流傳的小祕密；有時他們也會安慰在白天捉狂的我；有時我會和他們講起冷笑話，讓他們哭笑不得；有時我會在台上耍寶，唱歌、跳舞，樣樣都來。孩子們都看傻眼了，他們看到最真實的老師。我們之間深厚的師生情誼，也在這種無拘無束的學習過程中，慢慢的滋長、增溫。

有時，我會幫他們準備一些點心，算是感念他們如此對自己負責：都已經近晚餐時間了，還留在學校算數學。我們吃過的東西，可稱得上是琳瑯滿目囉！其中不乏有：脆皮甜甜圈、手工蛋卷、奶油泡芙、熱呼呼的麵包、泡麵。

> 今天星期三下午，老ㄙㄨ請我們吃飽滿的鮪魚餅乾，哈哈，我吃了兩個！其中一份是同學的，啊～我對不起她。總之，謝謝老師請我們吃，親一個喔！

什麼是「飽滿的」？那是我將小蘇打餅乾，塗上厚厚的鮪魚餡（真的很厚，足足有1.5公分之高）。這種孩子們口中最愛的「飽滿的」，香味四溢，令人口水直流、印象深刻，孩子們不愛也難。

只要一提到「飽滿的」三個字，孩子們經常眼神發亮，正襟危坐。那是我們之間相視而笑的默契，也是經常讓我們「只能意會、不能言傳」的小祕密。

關於新班級的故事

這幾天，我對全班說：「好啦！接下來老師比較有空了，如果你自己很想面對自己爛數學的人，不妨放學後留下來，老師每天留下來一個小時，免費幫你補救一下數學吧！」

這是兩年前我首創的計畫——「數學課後補救教學」。

有些孩子我看在眼裡，實在是心疼得很，因為有的孩子家境不好，父母沒有多餘的錢讓他們去補習，造成文化刺激不足、成績一直跟不上他人；有的孩子，則是在面對數學學習時不得要領，一路跌跌撞撞，永遠在「認真學習」與「拿不到好成績」之間沮喪、掙扎……

我相信，**一定還是有願意學習的孩子，只要給他們機會，他們會努力抓住機會、改變自己。**所以，我想當個聖誕老公公，在聖誕節還沒到之前，就給他們一個驚喜！

不過，我希望這課程是從他們自己內心的再造運動。自己很想要參加，他們要自己去跟父母談；父母同意了，再簽名讓我知道。

我不希望是由父母這方直接逼迫他們來參加，所以我並沒有大肆宣傳這件事。因為這中間「主動」與「被動」的差異性，實在是太大了！我要的是，先激發出他們的學習態度，再來進行這樣的課程。

才剛宣布，孩子們就在聯絡簿上留下了充滿令人感動的話語，足見他們堅決的信念：

耶～～好棒！媽媽說要讓我參加補救教學，這樣子有可能我的數學就會進步耶！好棒喔！而且現在雖然我覺得數學很難，但是我好想弄懂數學。哈！我不怕了，我是天下無敵女超人！

要愛死它

數學課後補救教學，現在仍在我們班上如火如荼的進行著。

每天放學後，總有一大堆學生，不回家看電視、玩電腦，卻是選擇留在學校讀書！這樣認真且勤奮的學習態度——單純的想拯救自己的數學能力，總是讓我看了十分感動，也讓我更想掏心掏肺、竭盡所能的幫助他們！

到現在為止，參加數學課後補救教學班的人數，已經多達十六位。這樣的人數，已與我之前設定的人數多出太多了，幾乎已經快是全班的一半了。但是看著他們表達出強烈想留下來的表情時，我總是不忍拒絕。

所以這個班，比起在白天上課時還具規模，孩子們也表現出高度的自發性，有問題時一定舉手發問。我看到了與白天上課截然不同的高度學習態度，這樣的結果還真令我十分驚訝！

翻開孩子的聯絡簿，她這麼寫著：

謝謝老ㄙㄨ讓我繼續留下來上數學！幸好我有留下來上數學，不然多餘的時間都花在看電視、玩電腦上，我會覺得這樣的生活沒什麼意義。昨天拿到《圖解數學》後，我就把多餘的時間花在算數學上。我覺得這樣很好，因爲這樣不但可以考考自己的能力，算一算也可以加深自己的印象。

我要每天都這樣努力、用功的算數學，要愛死它！

這個孩子是中途才加入數學班的，看到同學們如此認真的算數學，她也被激發出學習的動機，並且感受到其中的樂趣。尤其是當她寫著：「幸好我有留下來上數學，不然多餘的時間都花在看電視、玩電腦上，我會覺得這樣的生活沒什麼意義……」我想這個孩子已體會到如何善用自己的時間；同時，她也學到了如何分辨事務的輕重緩急，學會去分辨什麼是有意義的「行動」，而非消磨度日的「活動」！

看著她認真的寫著「我要愛死數學」，就被她可愛的童言童語引得一陣發笑。

我們不是常教孩子要勇於面對自己的弱點，而不是逃避或放棄嗎？但心虛的是，有時連我們大人也做不到……

單就這點看來，這個孩子跟我們比起來，實在是強多了！

苦盡甘來的眼淚

新班級的「數學課後補救教學」，實施經過了二十多天，數學課後補救教學的成效如何呢？

在這十六人的班上，大多數的學生成績都有進步，只有少數仍停滯不前。我勉勵這些孩子，**學習的成效不是一天就看出來的，必須持之以恆、不斷的與自己競賽，才能成功的克服自己學習上的弱點！**

先來看看這個孩子怎麼說吧：

> 拿到考卷時，我意外的發現我竟然考九十幾分！當時，我的眼眶泛著一點淚水，我心想：我的付出、努力，直到今天，終於有了成果！
>
> 多虧晚上時我都複習到十一點、快十二點。但我的分數，並不是在那天晚上突然得來的。而是我每天多算幾小時的數學的結果。每天一點一滴的累積，久而久之，比別人多了

好幾小時。

不只這樣，回到家後不會算的題目，我會先去找出答案，把題目看仔細，自己重算幾遍。我的分數，是那樣累積而成的。希望下次我能更努力，付出更多一點！

看到這個孩子寫到「眼眶泛著淚水」，著實令我訝異。我能體會她所描寫那種苦盡甘來的心境，畢竟數學的進步並不是憑空得來的，而是她每天晚上不斷的挑燈夜戰，面對自己學習上的習慣與錯誤，以致於終於能享受這甘甜的滋味。

舉辦這個課後補救教學班，我總是不厭其煩的，要他們試著多算題目。等到自己算過的題目數多了，自然而然對於數學的敏銳度就能提高。

同時，我也要他們試著去「讀懂題目」。學會數學的計算，那倒不難；但是在第一次面對題目時，眼中的文字該如何轉化成腦中的數學符號，那就得靠個人功力。所以我讓他們反覆去閱讀題目，找出自己不明瞭的地方；並且將錯誤的題目連續算它個五遍。我相信，這樣扎實的訓練，才是數學進步的關鍵！

看到這個課後班的學生，有人能獲得如此驚喜的成就感，心裡不禁深深為他們感到高興！

老師再見！

原本我沒有發現，一直到最近，才發現到這群可愛的孩子，正在偷偷做些令我會心一笑的事情。

每天五點十分，就是這「數學課後補救教學班」結束的時候。天色已不早，孩子們開始收拾他們的書包，我也收拾自己的東西，與他們道別。於是他們走下四層樓的樓梯，我也往反方向下樓，下到車庫準備開車離開學校。

不知道什麼時候開始，只要車庫門一開，車子向上爬到校門口時，就會看到這幾個笑臉盈盈的孩子，恭敬的鞠著躬，大聲的說著：「老師再見！」

幾次之後，我才發現到：她們是刻意多留一會兒等我的。

因為有時候我較晚離開教室，即便如此，她們還是傻傻的站在校門口，就為了獻上那句笑容可掬的「老師再見」。

我有個想法，我想把這群窩心的孩子拍下來，當作她們與自己的回憶。不過每當我把相機拿出來時，她們早就一哄而散，跑得不見蹤影。呵，原來她們和老師一樣，生性害羞、怕被拍照呀？

今天，我刻意在學校車庫門快打開之前，就將相機拿出來放好。

正當車子緩緩上升時，我立刻把握住最佳時機，快門咔嚓，把這三個女學生道別的模樣拍了下來，根本由不得她們閃躲。

「啊！被老師偷拍了……」孩子們邊笑邊說著。

閃光燈閃過的瞬間，其他經過的家長和學生，無不錯愕的望著我們。

其實他們不知道，剛剛在校門口，發生了一件溫馨又可愛的小故事。

能力15

付出，會獲得更多

全班三十四個孩子，將小小的輔導室擠得水洩不通。

班長下令：「一、二、三……」接著全班士氣雄偉的齊聲喊道：「報告！我們來捐愛心專戶了。雖然我們只有捐七百一十五元，但這卻是我們一片心意！」

輔導室裡的老師和愛心媽媽，露出會心的一笑。

園遊會所舉辦的「麻吉電影院」活動，除了戲劇節目，連同周邊商品，全班共淨賺兩千七百一十五元。**這筆錢雖然不多，但卻是孩子們辛苦掙來的血汗錢。**我讓他們去討論看看，要如何運用這筆錢。

班長上台去主持會議，全班你一言、我一語的，最後決定兩千元作為全班的畢業基金，其餘的七百多元，捐給學校的愛心專戶。雖然七百多元不算多，卻是孩子們的一片心意。所以我讓他們練習了一下如何將愛心捐出去，就全班殺向輔導室去！

全班三十四個孩子，將小小的輔導室擠得水泄不通。班長下令：「一、二、三……」接著全班士氣雄偉的齊聲喊道：「報告！我們來捐愛心專戶了。雖然我們只有捐七百一十五元，但這卻是我們的一片心意！」

輔導室裡的老師和愛心媽媽，露出會心的一笑。學校的輔導組長代為收下這筆款項，並且開立收據由班長代表收下。整個過程充滿笑聲，也充滿孩子們真誠付出的成就感！站在一旁忙著拍照的我，可以感受到孩子們現在正上著重要的一堂課。

園遊會裡的商業活動，是生活數學的應用；但將活動延伸出去，變成愛心關懷的付出，卻賦予這個課程更高層次的價值。

班上孩子們在這樣的捐獻活動過後，是這麼說的：

「今天全班和老師，一起下去一樓捐錢給愛心專戶。我們要把園遊會得來的血汗錢，捐出去給需要的人。而且愛心專戶的大人及那些需要的人，一定會知道我們的辛苦的！」

「星期五，我們把七百一十五元捐到愛心專戶去，雖然只有七百一十五元，但卻可以代表我們小小的心意；而且至少可以幫助沒有錢繳學費的人，應該算是做一件善事吧！這次兒童節雖然才賺兩千七百一十五元而已，可是我們五年三班卻能發揮愛心，幫助沒錢繳學費的窮人家，這是一件很不容易的事；更是一個很難得的經驗、從來沒有過的經驗。」

「所以「助人爲快樂之本」，幫助別人，就會很快樂。如果隨時、無時無刻都在幫助別人的話，就會快樂在其中。才不會每天都有說不完的煩惱，才可以很快樂、很快樂！」

今日慷慨解囊的小天使，也許將是他日為善布施的聖者。為善最樂，希望小小年紀的他們，就能感受到其中的深刻哲理！

能力16 你可以爲地球盡一分心力

這群孩子在受過「淨校之旅」的影響之後，看著眼前的垃圾，顯得十分猶豫。看他們看著眼前垃圾、聚在一起竊竊私語許久，最後，他們還是決定將眼前的垃圾撿起來！

我在鏡頭這邊，內心狂喜的為他們拍手叫好！

學生升完旗，我總會利用這早晨美好的陽光，做些班級經營的小活動。

上一回，**我讓他們手牽手、沿著學校的圍牆走一圈，好讓他們在畢業前能對校園有更**

深入的探索與體驗。

不過在探訪校園的過程中，我們望著許多被遺棄的垃圾，不禁皺起眉頭，結果班上有些孩子主動撿起了地上的垃圾。這樣的善行給了我一些想法，有人在推動「淨山活動」、「淨灘活動」，這一週，我們就來個「淨校之旅」吧！

為什麼稱它為「淨校之旅」呢？我希望在校園探訪的過程中，它是一趟旅程、一段歡樂的回憶；同時卻也是自發性的行善、單純的想讓環境變得更美好的一個活動。所以我只簡單的跟孩子們說明了這樣的動機，就開始了我們今天的校園小旅行。

對於校園裡的環境與設施，即便是六年級的他們，仍有些地方是陌生、且感到新奇的。孩子們會在畢業生的陶藝作品牆面前駐足，在每棵樟樹、羊蹄甲樹下嬉笑談天；也終於能理直氣壯的站上後山坡，沿著崎嶇的小徑，回顧這六年來的童年時光。

點點滴滴的美好，慢慢的在匯聚中，也慢慢的沉澱中。

當然眼睛在忙著留下校園美麗的倩影時，雙手也沒停過。

孩子們就這樣乖巧的撿拾著地上的垃圾，沒有太大的抱怨。

音樂步道的餅乾包裝袋、圍牆旁千年不爛的塑膠袋、後山上的廢紙、遊樂場裡的飲料罐，還有籃球場被扯落的球框繩子，都是我們亟欲消滅的對象。

孩子們每低頭撿拾一次垃圾，就記住自己今天偉大的善良行為；每低頭一次，就記住了丟垃圾是多麼令人深惡痛絕的感覺！

當然在這旅程中，也處處激發他們童真的一面，有孩子會跑來叫道：「老師，要不要吃蛋糕？」厚！這明明是木板加垃圾嘛！

有的孩子則是抓起一把榕樹的鬚根，新奇的自言自語：「原來榕樹的鬚根有這麼長呀？老師，你看像不像頭髮呢？」還有的孩子，玩起了扮演路邊雕像的遊戲，當場把我們冷得一哄而散，完全不想要理他。

才繞完校園不過短短一圈，沒想到手裡的寶物可說是滿載而歸。

我們高舉起手中的戰利品，高高興興的來張大合照。沒想到只是撿拾垃圾，心情也可以如此快樂！這次的「淨校之旅」，可說是成功！

進行過「淨校之旅」之後，班上孩子對於地上垃圾的敏感度，好像提升了不少。將地上垃圾主動撿起來，已經變成他們生活的直接反應了！看著他們可愛的話語，心中著實歡喜。

戶外教學那一天，我們在草地區玩完時，我看到草地區有很多碎紙，就把它撿起來，也做了一件好事！

（哇！撿垃圾撿到溪頭的草地去喔？孩子，溪頭風景管理局應該頒獎給你！）

今天的善行：今天在上學的路上，很好玩！尤其是上天橋的樓梯時，我看到了一個飲料杯，裡面還有豆漿，還發臭，好噁心喔！但因爲我看到有垃圾，不能不撿，所以我就撿起來，把它拿得遠遠的，再拿到廁所倒掉，再回收。平時把東西拿起來，簡單！但是一杯發臭的飲料誰敢拿？很少人！所以我們更要力行舉手之勞做環保啊！

（真是了不起呀！對於學校外的發臭飲料杯，沒想到你竟然能發揮如此大的愛心，將它回收掉？真是勇氣可嘉、愛心過人，給你拍拍手！）

我今天和幾個同學一起出去玩，沿路上有許多垃圾，所以我們幾個就邊走邊撿垃圾。跟訓導處說的一樣，如果大家都來幫學校撿垃圾，校園會變得更乾淨！

這篇短文，是班上的男生小穆寫的。會乖巧的將老師的話身體力行，大多數是班上女生；沒想到這次，連班上男生們也開始有了感應！由於觸發了維護環境的動機，因此原本對垃圾視而不見的男生們，也開始發揮愛心，主動撿拾地上的垃圾。

才不過是一次的「淨校之旅」，就有如此大的效果！這結果，真是教我既驚訝又歡喜呀！

為了學生的台中縣部落格大賽，我帶著他們到學校周遭去趴趴走、拍照去。這次的比賽主題稍難，是有關社區的主題探究。

我就像個盡責的計程車司機，只要他們一喊停，我就唯命是從的停車在一旁守候著他們。我的相機乾脆借他們，讓他們想拍什麼就拍什麼。這一次我們在學校旁邊的大里溪停了很久，孩子們努力的捕捉身邊的景物；我也拿著另一台相機，偷拍他們忙碌而認真的神情！

在尋訪社區的過程中，我們才發現學校附近的大里溪旁，自然生態景觀已經被我們人類破壞殆盡。

原本秀麗的河川景觀，如今卻成為垃圾的集散地。我們除了搖頭之外，內心盡是十分的無奈。

不過此時，我發現一件有趣的事。

這群孩子在受過「淨校之旅」的影響之後，看著眼前的垃圾，顯得十分猶豫。看他們看著眼前垃圾，聚在一起竊竊私語許久，最後，他們還是決定將眼前的垃圾撿起來！我在鏡頭這邊，內心狂喜的為他們拍手叫好！

不過，垃圾撿起來，問題才開始呢！

孩子問：「這些垃圾要如何處理？」大家臉上都出現三條線，最後，我的車上載了一包滿滿的垃圾回到學校。不過我感受得到，這群孩子是真心歡喜的撿拾著這些垃圾。

看著較為乾淨的河堤，身體力行過後的感覺其實還真不賴！

夕陽西落，餘暉在薄暮中散發著鄉野恬適的感覺；一陣涼風吹來，更顯快意。這樣一個與孩子們出來、共同為環境維護而努力的午後，很有意義，也很有值得細細品嚼的甘甜。

那句「雖然我不知道我敢不敢唱，但我在唱歌時，我一定會想你們為我加油的畫面，我也會盡全力把歌唱好的。」看得老人家我好感動啊！

彷彿有一股暖流正緩緩在這個班上流動著，有來自給予者的鼓勵，也有來自彼此之間的真誠感謝。

能力17 學習打敗「害怕」，改變害羞的自我

打開小伶的聯絡簿，嚴肅的生命話題赫然出現在眼前。小伶問：

「老ㄙㄨ：爲什麼人會活在這世界上？我想，人要活在這世上，是要幫助有困難的人！老ㄙㄨ，你覺得呢？有道理嗎？但被幫助的人，也不能一直依靠別人，要試著去幫助

另外有困難的人！」

「為什麼人會活在這世界上？」好有深度的問題！尤其是小伶這樣的孩子，問起問題來，更令人心疼。

小伶來自一個弱勢的家庭，原住民身分的她，總是自卑的覺得自己學業不好、人際關係不好；家中父母感情不太穩定，連經濟狀況也不盡理想。

我可以想像當小伶想著這個人生的大問題時，她可能剛經歷一場家庭風暴；或是在成績、人際關係方面不如意時，黯然神傷。

所以，她才會說：「為什麼人會活在這世界上？」這語氣，有些無奈，有些莫可奈何。這種對於未來的憧憬或是看不到未來的語氣，絕對在養尊處優的孩子身上找不到。

但是，她努力的想出了個結論：「我想，人要活在這世上，是要幫助有困難的人！」

這結論是感動人心、令人喝采的！人唯有在與人互動之中，才能感受到自身的存在感；當我們面對需要幫助的人時，方能體會到生命的尊貴與價值！

前幾天，在另一個孩子的聯絡簿上，剪貼了另一則的名言嘉句：「人若要活得快樂，就是要讓身邊的人快樂。」而行善，就是最直接而迅速獲得快樂的方法。沒想到小伶還不用我教她，就能體會到這麼深層的道理！

「但被幫助的人，也不能一直依靠別人，要試著去幫助另外有困難的人！」這句話，我想也是在勉勵她自己：被幫助的同時，要有志氣，記得站起來；也在感受到這個世界良善的同時，將別人的溫情再次傳送出去。

從小伶的短短話語中，我看到堅韌的小草在晦暗不明的陰天中，展露出希望的幼苗。

曾經在聯絡簿上說「人為什麼要活在這世界上？」的小伶，終於下定決心，要代表學校參加台中縣鄉土歌謠比賽。說真的，個性害羞而沒有自信的小伶，願意鼓起勇氣參加這種大型的獨唱比賽，我真是十分驚訝！

老ㄙㄨ：

我告訴你喔！我有可能要去參加獨唱比賽（原住民歌謠比賽），因爲學校老師叫我去參加。老ㄙㄨ，謝謝你教我們要大方，以前我不敢唱歌給老師聽，但我現在敢了。今天練習時，有兩位老師和五個女生在場，雖然很可怕，但我還是大聲的唱出來了！YA！

我在她的聯絡簿裡寫著：「這是一個好機會，展現你的天分吧！千萬別被自己的害羞個性打敗了！加油！全力以赴吧！」

我知道，這對她來說真的是不容易。但這卻是一個機會，一個可以走出怯懦自我、改變自己的機會；也是一個奠定自信、累積正面能量的機會。

不管她這次比賽有沒有得獎，都是一個很好的人生經驗，我真的很希望她能在這次比賽中快樂的唱歌，找到人生的新希望。

身為安親班同學的小秀，也一直在她的身邊關心她、陪伴她。在安親班中聽到她上台唱了幾次，小秀在聯絡簿中不斷的為她打氣著。

下星期四，小伶即將要上台去比賽，我知道她之前有想表演，但她太過於害怕，所以沒有上台演出。

今天看見她鼓起勇氣唱著歌，而且單獨一個人，她變勇敢多了！雖然還是看得出來她很緊張，不過她唱完了，好棒！她做到了！

祝她有個好成績！「甘巴茶！」希望她可以克服緊張，一定會表現得更好，相信她一定會ok的！

距離比賽還有兩天，所以我特地將小伶找上台唱給全班聽。一聽到這個消息，她驚訝得下巴都快掉了下來，直搖手說「不要」。在我好說歹說、外加惡勢力之下，她才勉強答應上台。一上台，她就緊張得手足無措，一句都唱不出來。

我知道「唱歌給認識的人聽」比「唱給不認識的人聽」，壓力來得大多了！但我也相信如果她能克服這關，壓力再大的場合她都能夠面對了。

於是，我們全班就這樣一直幫她打拍子、一直幫她數「一、二、三、唱！」一直假裝不看她、一直給她大拇指表示加油。就這樣，半節課過去了，小伶的第一句歌詞還是卡在喉嚨裡，出不來。再這樣下去，可能一節課都結束了，小伶還是唱不出來。

於是我讓小伶去廁所練唱，等到她自己覺得ok了再出來唱給全班聽。當小伶走出教室時，小秀也跟著出去了，我假裝沒看到。

過了十幾分鐘，這兩個人終於回來了。在她們回來前，我和全班同學說了很多有關於小伶本身的個性、有關於她想要改變自己的動機，以及這過程中令我們尊敬的種種。

於是當小伶回到台上後，許多人開始舉起自己的小白板，上頭寫著：「小伶，加油！」「你可以唱得很棒的！」「別被自己打敗了！」

小伶深呼吸了一口氣，開始緩緩唱出她的曲子。

屬於原住民乾淨而純真的嗓音，迴盪在教室裡。

我們全體師生都驚訝的發現：在那羞澀、靦腆的臉孔下，竟有如此美麗的聲音！雖然只有短短的幾句，但是她突破了自己，向自己的生命躍進了一大步。

最高興的人，莫過於小秀了，她寫道：

太好了！小伶最後眞的唱出來了！不過，在安親班有安親班老師在，小伶就表現得比較好。我陪她一起去廁所唱歌時，她不停的亂動，因爲她很緊張！我陪她唱了幾句，兩個人一起唱，再換她自己一個人唱。看得出來她依然放不下心中的大石頭，我努力的安慰她，我想，最後她應該是被八十一分（爲小組加分加到滿分）給吸引了吧？（笑）

孩子們都懂我的用意，也明白我的堅持。

這樣的事件，恰好成為他們一個值得學習的機會教育題材。

其他在台下的孩子們說：

小伶今天終於打敗了「害怕」了，先恭喜她！而且好好聽，我已經好久沒有聽見她的歌聲了。加油！小伶，我們都會支持你，要得名回來唷！

今天聽了小伶美妙的歌聲，雖然等了很久，但也值得。小伶她自己已經找到了自己的窗口，而我呢？希望我能快一點找到！今天聽了小伶唱歌，眞是太幸運了，希望有機會還能再聽一次。但是，這樣下去的話，第四組一定每次都會得冠軍的嘛！

上面是孩子小璇的留言，她說：「小伶她自己已經找到自己的窗口，而我呢？希望我能快一點找到。」

這樣的話，聽起來有點令人心酸。

這就是現今教育亂象所製造出的孩子，這也是我極力想擺脫「課業怪獸在他們身上所造成的茶毒」的原因。

今天下午放學後，我特地將小伶留下來在教室練習。雖然我不太會教唱，但至少盡我所能的幫她指出一些我看到的缺點。聽到最後，小伶高亢而嘹亮的尾音，拖曳在空中呈現完美的拋物線，令人感動的悸動久久未能散去。

小伶，你是最棒的！**要相信自己的能力，並且要給自己機會！**

昨天小伶去參加比賽，早上我走進教室，發現黑板上貼了一張給全班的信。

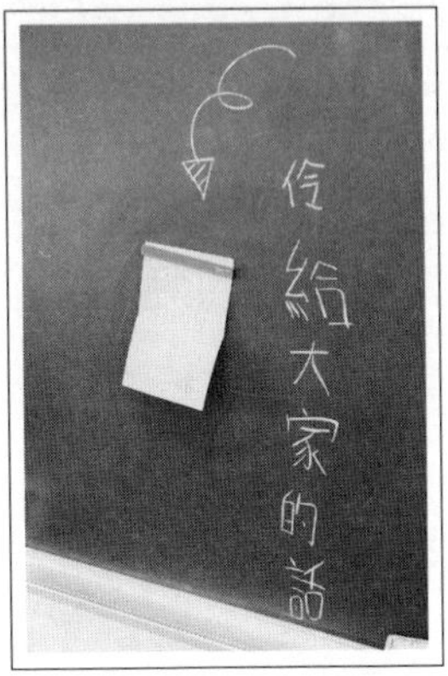

元氣薪音班:
我要去比賽了!!謝
謝你們為我加
油!!我很高興有你們那麼
貼心的同學啦!!雖然我很
害羞但也謝謝你們讓
我變勇敢了!!但是我也要
和你們說Song:浪費
你們的時間了!!雖然我
不知道我敢不敢唱,但
我在唱時,我一定會想
你們為我加油的畫面!!
我也會盡全力把歌唱
好!!

元氣麻吉班：

我要去比賽了，謝謝你們爲我加油！我很高興有你們那麼貼心的同學、朋友！雖然我很害羞，但也謝謝你們讓我變勇敢！但是我也要和你們說Sorry，浪費你們的上課時間了！

雖然我不知道我敢不敢唱，但我在唱歌時，我一定會想你們爲我加油的畫面，我也會盡全力把歌唱好的！

小伶感受到來自全班的加油與打氣，因此在出去比賽前，以感謝的心情寫下這封信，回應全班的熱情鼓勵。

那句「雖然我不知道我敢不敢唱，但我在唱歌時，我一定會想你們為我加油的畫面，我也會盡全力把歌唱好的。」看得老人家我好感動啊！彷彿有一股暖流正緩緩在這個班上流動著，有來自給予者的鼓勵，也有來自彼此之間的真誠感謝。

唉，這個班上的孩子們是怎麼回事？這種催淚式的對話，不是只有在電視上才會出現的對白嗎？

小伶的這個故事，也感動了不少人：人在美國的老婆大人為了小伶，特地隔海獻聲指導她的歌唱技巧；於是我們在教室裡上著國語課，旁邊則是對著網路攝影機高歌的小伶。

在她去比賽的那天，有不少別的學校的老師，也偷偷的拍著她認真練習的模樣，然後又偷偷將照片傳給我。

比賽完，學校的音樂老師興奮的跑來說：「你們班上的小伶，今天唱得真好！假以時日，說不定她會成為另一個張惠妹喔！」

今天一早，一通電話打到班上，馬上有孩子衝過來報告好消息：「老師，小伶的比賽，得到了全縣第二名耶！」後來經過音樂老師的補充，我們才知道：原來這次的第二名不只一個名額，但小伶的第二名，卻是其中最高分的，是真正的第二名；而且差第一名只有非常些微的分數而已。

看著小伶帶著靦腆的笑容接受大家的祝賀，我也對她微微笑，真心的為她感到高興！

能力18 要會打掃——水球肉搏戰

這群孩子在畢業的前一天，自動自發的在放學後留下來打掃，真是令老人家感動得涕淚飄零。他們捲起衣袖，把教室的裡裡外外打掃得十分徹底，掃地、擦桌椅、刷洗地板，樣樣都來；我一轉身，我發現連我的「滿屋子千年教具」也都被打包好了。

這真是送給老師最好的畢業禮物啊！

預備，起！

星期三中午放學後，教室裡還是熱鬧得很，有參加學校安親班的、參加踢踏舞社的，也有見人多偷偷留下來湊熱鬧的孩子。個個都有光明正大的理由，沒理由趕他們離開教室，所以我說：「要留下來可以，不過請發揮你的愛心，為班上盡分心力，幫班上打掃一下吧！」

於是他們拿起掃把，邊掃地邊聊天，快樂得不得了。

「還有時間的話，也順便拖一下地板吧！」我說。

不過，這個請求感覺就沒那麼受歡迎，只有熱心的班長一邊吆喝著大家，一邊拿著抹布蹲下來擦地板。

該是老身出馬的時候了！

我說：「來比賽吧！每一個人就一個走道，比比看，看誰拖地拖得最快！」

「好！」貓群嗅到了老鼠味，紛紛興奮的衝了過來。於是他們自己移開了教室裡的椅子、垃圾

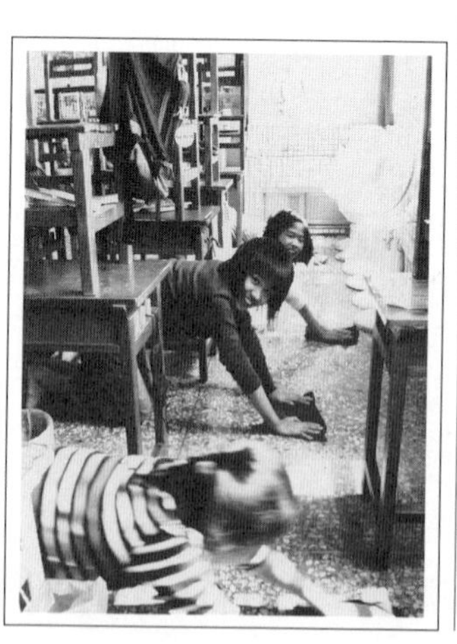

桶、地上的雜物，拿著一條抹布各就各位的蹲在地上，一副蓄勢待發的模樣。

「各就各位，預備。」我權充臨時的裁判，喊起了口令：「預備，起！」口令才剛下，個個如脫韁野馬向前疾馳，而身後則是一地濕亮光滑的乾淨地板。

「不公平啦！老師，大家的起跑點都不一樣。」有人抗議的說。

好好好，老師最好說話了，我們將起跑線調整一下，再來比一次吧！

於是這個「拖地比賽」，他們足足來回玩了好幾趟。每玩一趟，教室就一陣光亮；再多玩一次，整間教室就愈顯得窗明几淨。

不過他們覺得這樣還不過癮，他們自己又把戰線拉到了教室外的走廊。這次戰場更加寬廣，同時需要他們為學校好好效力的地方也就更多。每個人都抱著視死如歸的精神蹲在起跑線上，準備要與敵人大戰個三天三夜。

口令才剛下完，就一陣兵荒馬亂；尤其他們還刻意潑了點水在地上，讓行進的動線更為順暢。所以才剛衝出去，個

各就各位。預備，起！

實在是太好笑了！不過豆腐你也要小心呀，內褲都跑出來見人啦！

個像瞄不準的保齡球，在地上滾來滾去的。

他們不知道在外頭賣力的「拖」了多久的「地」，但我只知道當他們進來教室時，個個直呼：「哇！沒想到拖地那麼好玩！好想再玩一次喔！」另一個孩子則說：「好哇，不過得再等到下星期三！下星期三，大家再來拖地吧！」

隔一個禮拜，他們又拖了一次地。

孩子豆腐在善行短文中說：「今天，我所做的善行之一，是在中午午休時，我跟阿榮、肥肥在教室裡拿著抹布在拖地。我們一邊拖地一邊玩，而且我還不小心跌倒，眞是太好笑了！但我們班的教室，也因此乾淨了許多。在還沒有拖地之前，教室很髒；但經過我們的神奇魔法，才一個午休之後，教室就乾淨了許多，眞是很厲害的魔法！而且老ㄙㄨ看到我們這樣，也很開心，我們也非常的開心！我們約好下星期，還要再來一次！」

真沒想到，轉換個方式，拖地竟然可以變得如此好玩！

水球肉搏戰

炎炎夏日，什麼樣的活動最受人歡迎呢？答案就是「水球大戰」！

這群孩子在畢業前一天，自動自發在放學後留下來打掃，真是令我感激涕零。他們捲起衣袖，把教室裡裡外外打掃得十分徹底，掃地、擦桌椅、刷洗地板，我一轉身，發現連我的「滿屋子千年教具」也被打包好了。這真是送給老師最好的畢業禮物啊！

好吧，打掃完之後，老師就幫你們安排一個餘興節目，我們來玩場刺激、又噴鼻血的打水球大戰吧！

我讓他們把水球灌滿，聚集在教室內專屬的小廁所裡。在所有的「子彈」各就各位，以及彼此一場混亂的叫囂聲之後，我輕輕說聲「開——始！」接著就迅速把門關上。

霎時間，廁所裡頭炮彈齊飛！此起彼落的尖叫聲，彷彿是電影情節《驚聲尖叫》的翻版。

呵呵，這種近距離的肉搏戰最是刺激了。

裡頭實在是太激烈了，我忍不住打開門偷看；可是呢，我又

怕被突如其來的水球砸中，只敢像個「卒仔」偷偷的打開一條門縫。

裡頭每個人被打成一堆堆爛泥；水球則是成了空中飛過來飛過去的「血滴子」；地板淹起了大水，咦？端午節不是剛過，怎麼《水漫金山寺》的戲碼就在班上上演了呢？

「數到十就不可以打了，十、九……二、一，好，停！哪個人再打，就喪失第二次再玩的機會。」

我打開門，裡頭是一個個的落湯雞，我指著他們，哈哈大笑了好一陣子。

後來，我又讓他們進行了第二回合的水球肉搏戰，不過這次我實在憋不住了，也下海跟他們一同大戰了三百回合！

但我開場白的第一句話就是：「造反了呀！打老師囉，來人呀！快幫我報警。」

別說我們浪費水資源，我們可是好好利用了這些水，將廁所徹底的刷洗乾淨了！好玩嗎？你看我滿臉「黑輪」，外加全身濕透就知道了。

能力19 學會窩心

突然，身旁有點窸窸窣窣的聲音，接著有某種東西散落下來。

我睜眼一看，原來是小凱。他正拿著一件薄被偷偷蓋在我的身上。

既然班上孩子可以在午覺時，大剌剌的睡成一地，最近常趴著睡午覺睡到手麻腳麻的我，也不客氣的拉了三張椅子過來，合併成能勉強躺下的「床」。

不過人高馬大的我，躺下去剛好左邊身體懸空，下半部雙腳在閒晃著。不管了！當兵時再克難的環境都睡過，就將就點試睡看看吧！

明明今天天氣預報說氣溫會升到三十度，但是室內還是有點涼。我將薄外套的拉鏈拉到最高，雙手抱胸準備夢我的周公。

突然，身旁有點窸窸窣窣的聲音，接著有某種東西散落下來。我睜眼一看，原來是小凱。他正拿著一件薄被偷偷蓋在我的身上。

哎喲！套一句廣告詞：「足感心的啦！」通常都是老師、父母照顧著小孩，怎麼今天會有這麼窩心的學生幫老師蓋被子呢？

不過我真的覺得很不好意思，因為這被子可能是小凱自己要睡的。我連忙搖搖手說：「不用了，你自己蓋就好。」

「沒關係啦，老ㄙㄨ。」

「不行啦，你自己也要蓋被子呀，難道你不睡午覺嗎？」

「沒關係，我不怕冷。」

小凱十分的堅持，他杵在一旁手拿著薄被，怎麼也趕不走。

教室的一隅，只見一對師生為了一件被子在推推拉拉；一個把被子推了出去，另一個又把被子推了進來。而旁邊還有好事者在搖旗吶喊著。

「好吧，如果你真的不睡午覺的話，我就蓋被子好了。」眼看午休時間一分一秒的溜走，我只好這麼說。

小凱心滿意足的離開了，而我的身上，覆蓋的正是他暖暖的心意！

闔上眼的瞬間，我還一直想著小凱這個好孩子。

這學期的他，進步好多。

上學期剛接到他的時候，他還是個「上課超級愛講話」、「每天總要人三催四請才會把功課補完」的孩子，**但是我一直知道，他有顆溫暖而體貼的心。所以我收起較嚴格的管教方式，反過來用軟性語調來跟他對談，跟他開玩笑，跟他聊心事。我也常在課堂上公開稱讚他的轉變、他的細心。**

他總是搔著頭說：「我哪有？」臉上是不好意思的笑容。

這學期他變得更積極，也變得更懂事了。能這樣表達內心尊敬長上的態度，並落實在實際行為上，我想沒有幾個孩子比得上他！

午覺醒來（其實只有睡十幾分鐘），才發現我的「椅子床」下面，睡癱了一群孩子，其中也包括小凱。

他們蓋著外套、合墊著兩件外套，幾個人窩在一起「擠燒（台語）」。把自己的棉被捐出來，讓給老師蓋，這根本就是古代二十四孝裡《黃香溫衾》的故事嘛！

不過，不知道是不是我一身老骨頭，還是睡著「不合尺寸的木椅子床」的關係，我爬起來時，竟然一陣腰痠背痛。

當我忍不住唉唉叫時，一群孩子又包圍了過來，大叫：「老ㄙㄨ，你有沒有怎樣？老ㄙㄨ你哪裡不舒服？老ㄙㄨ，需要我幫你按摩嗎？」我還來不及回答，一雙雙的小手，就叮叮咚咚的落在我的肩膀上，幫我按摩著。

嗚嗚嗚，你們這群孩子，怎麼會這麼貼心？讓老ㄙㄨ我太感動啦！

明天，老師我會乖乖的帶著自己的被子，不會再讓你們著涼了。

到時候，我們再一起來「擠燒（台語）」吧！

能力20

別小看自己——煮一道菜給家人吃

看到這對父女這麼同心協力的完成一道菜，實在為他們感到高興。

在這過程中，我想他們受益到的，絕對不只是那盤難吃極了的菜脯蛋，而是菜脯蛋裡傳承的愛！

有些時候，課程沒那麼趕時，我就會出些稀奇古怪的作業。

這個禮拜出的怪作業，是「煮一道菜給家人吃」！

當這些孩子看到「要自己煮菜給家人吃」的作業出現時，一時之間全班群情激憤。

有的孩子說：「老師，我從來沒有煮過菜，會把菜煮焦掉耶！」

有的孩子說：「我媽媽一定不讓我進廚房，因為我會把整個廚房弄得亂七八糟的。」

還有的孩子說：「我媽媽一定會在旁邊看，最後忍不住就動手了。」不過這些苦苦哀求的話語，完全無法說服任性的老師。

老師說：「我們上社會課時，深刻了解了媽媽的辛苦，這是該我們為媽媽分憂解勞的時候了。同時，你們年紀也夠大了，該學著點如何做菜了！想當初，老師還是國小時……」這時愛碎碎唸的老師，又在回憶往事了。孩子們無不舉白旗投降，與其聽老人家講古，還不如乖乖就範就是了！

星期一來學校，聯絡簿一打開，豐富的菜餚就這麼上桌囉！

老ㄙㄨ：你出的煮菜作業，眞的好特別唄！也很好玩，恨不得想馬上試試！因爲我只做過荷包蛋而已，想試試其他的菜。謝謝老師出這項好玩又有趣的家庭作業，也謝謝媽媽辛苦的指導！

這家的菜色是「薯條」，上頭還有媽媽的「謝謝」兩字。

可見這家人那天晚上，一定度過了一個溫馨的家庭聚餐！

今天我煮牛肉麵給家人吃，好難喔！媽媽也看不下去了，所以就幫我煮麵。我說：「老ㄙㄨ說要自己煮。」媽媽說：「喔！可是你肉還沒切好耶！」當時，我眞的體會到媽媽是多麼辛苦，但也很厲害！可說是修練幾千年的高超功夫啊！

媽媽每天不但要到學校當義工半天，下午回家還要擦地板、洗衣服、打掃房間。竟然可以在五點之前做完晚餐！眞是太辛苦了！

沒想到班上還有男生會挑戰高難度的「牛肉麵」呀！

我可以想像這位媽媽在旁邊「眼看著大好的牛肉就要被毀了」的焦急模樣。不過還好我有先跟孩子們提醒：「**這菜餚就是要完全自己親自動手，才能煮出『愛』的味道！**」

不過這孩子也了不得，在這麼一次經驗中，就可以體會出這麼多深刻的想法！真是讓人忍不住要為他拍拍手鼓掌一下！

不過當然也有家長借力使力，將老師的美意發揮得淋漓盡致的。

今天早上一大早，爸爸就趕緊叫我起床，他準備要教我怎麼煮飯給家人吃。爸爸就選擇了「菜脯蛋」給我煮，因爲它好吃，而且煮也不是很難。

所以一開始，爸爸就叫我要先把菜脯洗一洗，才不會太鹹。再來就是打蛋囉！說眞的，我太幸福了！所以連打一個蛋都不會。昨天到餐廳吃火鍋，還不小心打到外面，弄得狼狽不堪的，還好今天爸爸有教我要如何打蛋，要不然以後到外面還是不會打蛋，一定會被笑死的！

爸爸就這樣一步一步的教我，所以第二次就由我自己大顯身手！沒想到，竟然烤焦了？而且菜脯也泡到沒有味道了！難吃極了！可是我相信皇天不負苦心人，努力努力再努力，一定能煮出一道好吃的菜脯蛋的！

這眞是令我永生難忘的第一次煮飯日，我也要謝謝爸爸那麼努力的教我煮菜！

看到這對父女這麼同心協力的完成一道菜，實在為他們感到高興。在這過程中，我想他們受益到的，絕對不只是那盤難吃極了的菜脯蛋，而是菜脯蛋裡傳承的愛！

至於真正的高手，其實就藏在這裡。

老ㄙㄨ，我今天做了一件善行喔！應該也算功課啦！星期六的晚餐，我幫全家人包了呢！我定的菜單是「炒高麗菜」、「玉米濃湯」、「白飯」，還有媽媽教我做的「肉燥」，眞的只有口頭指導喔！接下來，還有「炒蛋」、「空心菜」。老ㄙㄨ，是不是很豐盛呢？而且只有肉燥是媽媽教的喔！

我也希望，如果有機會的話，我想讓老ㄙㄨ您吃吃看我的手藝如何呢！老ㄙㄨ，想嗎？

真的是太豐盛了！竟然比我的手藝還厲害！看得肚子都餓了。好吧！算你狠！下回要開飯前，別忘了通知我一聲。

能力21 學習跟音樂交朋友

有時候我也會在煩躁不已的學習氣氛中，讓他們全趴下安靜聆聽音樂。常常一首曲子下來，有的孩子就會不自覺的開始打起拍子、輕哼著旋律，我想這些孩子是真的有感受到聆聽古典音樂的樂趣。

這兩天，進入了考試週，班上的氣氛一下子凝重了起來。

孩子們喊著壓力大，老師們的心情也跟著七上八下的！

第一節考試時，教室外的大馬路，開始「匡啷匡啷」的動工起來。

我朝窗外望去，發現是一些工人在修道路。

雖然我們教室是在四樓，但只憑一扇窗的阻絕，實在是發揮不了什麼作用。於是教室內外，呈現十分對比的畫面，教室外是雜亂而擾人的工地噪音；教室內則是只有安靜的書寫聲，沙沙的，靜得詭異。

工程的噪音實在是太大了，看著他們皺著眉頭的模樣，我只好將全數的窗戶都關了起來。

我開啟ＣＤ音響，小小聲的，以不影響他們考試思緒為主。希望用流洩的旋律撫平孩子們的焦慮，用恆定的節奏穩定他們的心靈。

我挑的古典音樂，其實都是以單一樂器演奏、入門級的古典音樂。

我最愛由小提琴來詮釋的樂章，小提琴奏鳴曲優雅而富有情境，聽著聽著，不知不覺會跟著哼唱，心情也會跟著平復下來。這對考試時的心情穩定，是很有幫助的！

為什麼播的是古典音樂？除了「乳牛聽古典音樂」的新聞，深深的令我著迷之外，常常跟著在國外學音樂的老婆，才發現我們國內的教育，太過於漠視古典音樂的存在。在國外家家戶戶小娃娃都能朗朗上口的熟悉曲子，在國內變成人人避之唯恐不及的毒蛇猛獸。

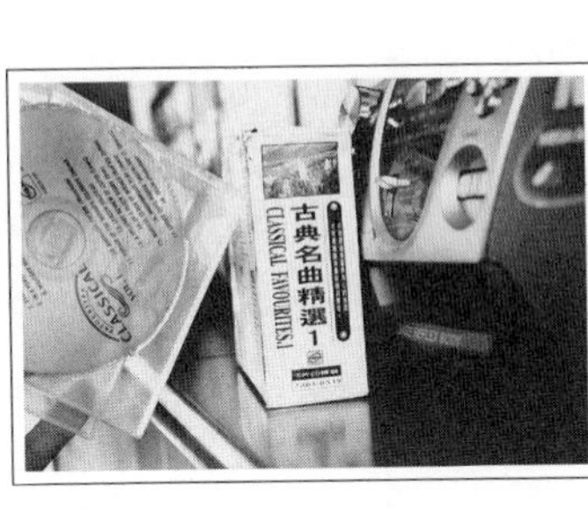

當國外學音樂的韓國妹妹說「在韓國我們每次音樂會，表演的大多數曲目都是古典音樂」時，我很清楚的感受到：在台灣，在我們的生活層面中，能接觸古典音樂的機會，實在是太少了！

有時候我也會在煩躁不已的學習氣氛中，讓他們全趴下安靜聆聽音樂。

常常一首曲子下來，有的孩子就會不自覺的開始打起拍子、輕哼著旋律，我想這些孩子是真的有感受到聆聽古典音樂的樂趣。

我常對他們說：「每當你們聽完後、慢慢坐起來時，那個眼神都不一樣了！變得很有氣質、很專注。」

所謂的真正的藝術，應該是將這些經典音樂，隨時融入在我們生活之中；而不是只在音樂課本裡的知識傳授。

只要給予他們充滿古典音樂的環境與動機，他們也可以跟音樂交朋友；也可以發覺：其實古典音樂可以這麼沒有距離感。

考試到了下一節，「匡啷匡啷」的噪音終於停了。

我問：「播音樂當考試的背景音樂，會不會很吵？」

「不會呀！」回答從教室的各角落傳來。

「因為很好聽啊！」他們這麼說。

能力22

最熱情的表達——老師請用拖鞋

最近我常走進教室就被嚇到，因為之前是少數人在門口等候，現在則是全班眾志成城的大喊「請老師用拖鞋」，連女生也來湊一腳；而且現在連「老師我愛你」這經典名句，也都出爐了！

上一個班級，總會在科任老師進門前，恭敬的在門口準備拖鞋讓老師穿。有的孩子還會特別「厚禮數（台語）」，跪在門口恭迎老師進門，把每位來教室上課的科任老師都嚇壞了……

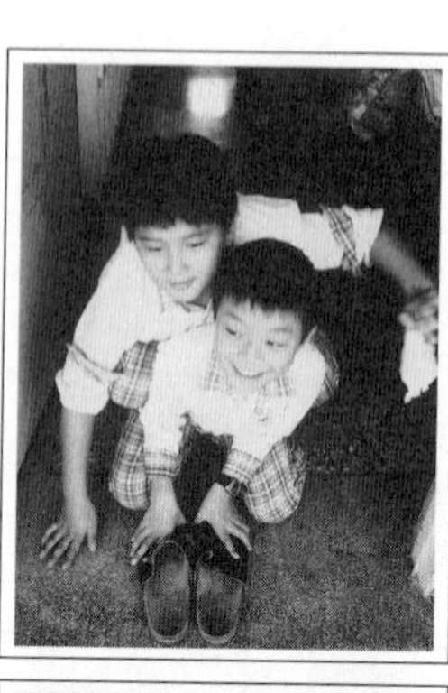

這個班級，不知不覺也變成了這個樣。

我還在遠遠的走廊外，就開始有一大群孩子引頸期盼，高呼「老師好」……

一走進門，就有孩子爭先恐後的擋在門前，備好我的拖鞋，歡迎我進門……

這到底是怎麼回事呀？千……千……萬別跪下來呀！……老人家我會折壽的……

真是有夠奇怪的，我從來都沒有這麼教過他們，這是兩年前學長姐玩老師的招式，怎麼現在又搬了出來？……我知道你們一定是愛看老師臉上尷尬表情，並且還會轉身偷偷笑著老師吧？

我突然驚覺，原來是那張「值日生輪值工作項目表」惹的禍。

因為值日生要在科任老師進門時，準備好拖鞋，並向老師說：「老師好，請用拖鞋！」

最近他們顯然玩上癮了，一聽說我快走到教室了，一大堆人就會從教室的四面八方

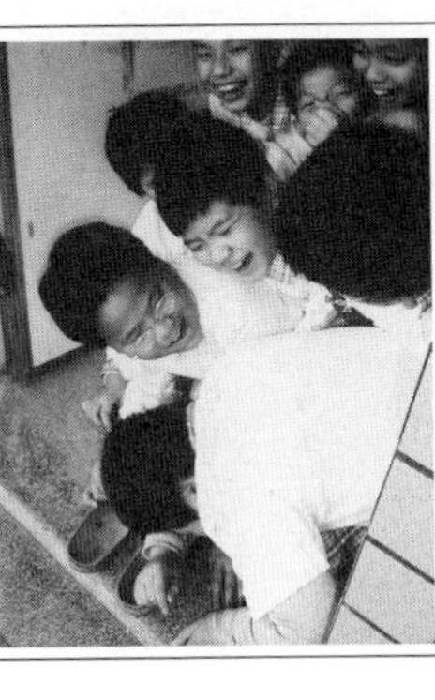

狂奔到教室門口，大喊著「老師請用拖鞋」。

我常站在教室門口傻眼的看著這堆倒在地上的人，心裡只能用「前仆後繼」、「拔山倒樹而來」來形容這種壯盛畫面……

看到他們這麼貼心又熱情，所以我也常和他們開玩笑，故意避開他們等待的後門，直接從教室的前門進入。

這時候，又是一陣口耳相傳的緊張：「老師從前門進來了，快！拖鞋快一點……」

接著瞬間，我的拖鞋又回到了我的眼前。

我搖搖頭，苦笑著。

你們這群孩子，當心會把老師給寵壞的。

這件事就是這麼發生的。

那天剛好因為開會比較晚進教室，我從隔壁美術教室走回教室。突然，我驚覺一些孩子又擠在門口，引頸期盼等我回教室了。

我心裡一時大驚，想要阻止他們開始喊出那串「老師請用拖鞋」的歡迎詞。

無奈，爆炸的按鈕已經啟動了，就在他們興高采烈的喊著口號時，後頭兩位女老師目睹了這一切。

「停，好了，別再喊了……停……」因為這串歡迎詞實在是太長了，我的聲音從羞赧到全然的放棄，臉紅到大概可以煮開水吧？

後頭兩位女老師驚恐的說：「你們班，每節課都是這麼迎接老師進教室嗎？」

「呃……是耶！這都是他們自己發展出來的，不是我教的喔！我有制止過他們，但是完全擋不住。」我急著辯白著。

「是喔，你這個老師當得夠值得了啦！」女老師探頭進教室，對全班說：「你們班真是很有禮貌耶！」這些孩子則是得意的笑著。

雖然我常在進教室時趕他們回座位，但是最近這一長串的歡迎詞，一直在增生中，愈喊愈長、愈喊愈熱情。大概是我容易臉紅的表情，成為他們每天上課的最大樂趣。他們應該是從來沒想到，可以這麼玩老師吧？

最近我常走進教室就被嚇到，因為之前是少數人在門口等候，現在則是全班眾志成城的大喊，連女生也來湊一腳；而且現在連「老師我愛您」這經典名句，也都出爐了！

我曾經在部落格中分享他們的歡迎詞內容的影片，讓不少網友笑翻。目前這串歡迎詞的最新版本是：「老師請用拖鞋……老師您好帥……老師您好聰明……老師我愛您……」

豆腐班長說：「今天我們多加了一句話，就是『老ㄙㄨ，我愛您』這句，相信老ㄙㄨ一定覺得很噁心又靦腆吧！我看只有我們活力黑皮班，敢對老ㄙㄨ說我愛您，老ㄙㄨ會覺得我們是很有趣的學生嗎？在老ㄙㄨ面前這樣喊，老ㄙㄨ一定很尷尬，不過這才是我們活力黑皮班啊！下次，明天以後，我們永遠都會對老ㄙㄨ說這幾句話的！……」

喔，我哭了……

能力23

要誠實

「說謊的感覺，很不好受，對吧？」我問他。

他點點頭，也就是因為這句話，他才又承認了另一件惡作劇。

基本上，我十分討厭處理說謊和偷竊這類偏差行為。因為我處理不來；**因為我都會相信孩子們；因為，我無法懷疑他們。**

我曾經帶過一屆學生掉過錢，數目不小，將近一千元。掉錢的事情報告到我耳裡，已經過了好幾天，沒了時效性，又缺乏人證及物證。所以我努力的查，用暗示的、用道德勸說、用自首的，還是找不到小偷。

雖然我可以鎖定幾個有嫌疑的學生，但當他們信誓旦旦的說著他們沒有做時，我就心軟了。

我實在是無法先入為主的去懷疑一個人！當大家都用很受傷的眼神望著我，彷彿說著：「老師，你怎麼可以懷疑我呢？」我就投降了！

我很討厭當老師還要兼差當偵探的角色。這事跟當老師有什麼關係呢？這種明明沒有證據，卻要指著某人暗示他「老師已經知道了」的事，我無論如何也做不來。

偏偏這位家長不這麼想。晚上打電話來，硬是不相信怎麼可能會查不出來，並且要我一定要找出小偷。感覺上，她只要一天不找出小偷，她就不罷休。

隔天，女學生哭哭啼啼的說著媽媽一直罵她為什麼要帶那麼多錢在身上，原本就不佳的母女關係，此刻被弄得更糟了。

我嘆了一口氣，掏出了一千元，要女學生把它收下，並且要她告訴媽媽說錢找到了。女學生堅持不肯收，我說：「讓你好過一點吧！這是平息你媽媽怒氣的唯一方法，小偷我們慢慢再找。」

這事情到此才告一段落。不過令人慶幸的是，在我每天耳提面命之下，偷竊及說謊的事，只在五年級上學期發生過，之後再也沒有出現過了。

但是今天早上，又讓我有了類似的感覺。

一位學生的物品連續被惡意破壞，也同樣是過了幾天，家長跟我電話反映我才知道。我對著全班道德勸說，並且分析事情的嚴重性，也讓他們每個人寫張小紙條自白，但就如同我想的一樣，沒有半個人承認。

我在台下看到了一雙閃爍的眼睛，從諸多蛛絲馬跡顯示，證據全都指向這個孩子。於是我把他找來，問他是不是他做的。他回答不是，堅決的口氣讓我不得不羞愧著自己的猜疑心。

我說：「我想要幫你，所以你一定要告訴我實情。」後來，我花了一整天的時間，在半信半疑之下，終於讓他說出了真相。

但是，我的心裡其實為這個孩子感到相當的難過。因為一整天下來，他連續騙了我四次；每當我挖到新的證據，他才又改口。

說謊，怎麼會變成一種習慣？變成一種理所當然的自信呢？

我問：「為什麼要騙我？」

他吞吞吐吐的回答說：「因為……害怕。」

我可以想像從小「學習有障礙、沒自信、人緣差、父母不管、被老師當成空氣」的他，因長久以來生活在斥責與恐懼中，所以只能用說謊來當成保護自己的盾牌。在他的世界裡，有沒有光照進去呢？

「說謊的感覺很不好受，對吧？」我問他。他點點頭，也就是因為這句話，他才又承認了另一件惡作劇。

我知道，他只是因為好玩，而完全不知事情的嚴重性。

晚上我實現了我的諾言，我代他向受害者的媽媽求情，並且幫他保守這個祕密。但打完電話，我的心好沉。

我希望能因為這件事情，讓我們師生之間，開始有著深層心靈的接觸。我想讓他知道：原來還是有老師會願意幫助他的。

我也想讓他知道：原來，他的世界除了謊言之外，還有光可以照進來。

能力24

要學會解壓——大笑三分鐘

大笑之後，我希望他們能把所有的壓力、不愉快甩開，然後，重新再出發！

好吧！我承認我是個超愛搞怪的老師。

昨天我在回家功課欄上頭，臨時又增加了一個項目「大笑三分鐘」，並且還要家長在下面畫押簽名。說真的，我可以想像他們翻開聯絡簿瞠目結舌的模樣。

傑媽這麼說著：

老ㄙㄨ：您有點嚇到我囉！昨天「沒有功課」已經令我咋舌，今天「大笑三分鐘」更令我驚訝不已！您是否讓那些小夥子們氣暈了？
　　您眞是位有創意的老師啊！該頒個獎給您。

上回上「部落格有啥了不起？」廣播節目專訪，節目主持人慶玲劈頭就這麼問我：「你出了這些那麼怪的作業，這些家長都不會抱怨嗎？」

我想，昨天的驚嚇指數應該飆升到他們所能忍耐的極限了吧？

事實上，我不是故意那麼無厘頭的。只是昨天是孩子們的第二次段考，當我看到孩子們在考試前為了數學考試食不知味、坐立難安的模樣，又在接到考卷後哭成一片時，我突然反省到：這些孩子是不是承受了太大的壓力了？

以前我們年輕時，總會流傳著一句話：「小考小玩，大考大玩！」既然這些苦命的

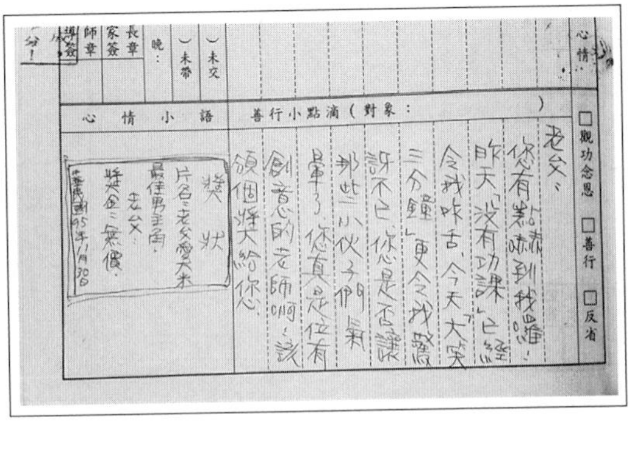

學生也許沒有辦法出去玩，那至少大笑三分鐘總行吧！

大笑之後，我希望孩子們都能夠把所有的壓力、不愉快統統甩開，然後，重新再出發！

這種作業，其實孩子們在家有做、沒有做，當老師的並不曉得。不過，這也算是為師的一點小小心意啦！

當然囉，還是會有「乖巧又聽話的女學生」，乖乖的雙手奉上心得一篇。

今天，老ㄙㄨ在聯絡簿出了一項超怪功課：大笑三分鐘。我，笑不出來，只是用微笑來代替大笑。

媽媽還在旁邊寫「三秒鐘」。今天超傷心的，如果沒有粗心大意，說不定今天就可以「大笑三分鐘」了！

「只要笑一笑，沒什麼事情大不了！」如果老ㄙㄨ心情不好，也要大笑三分鐘唷！這樣才公平！

我就說嘛！還是有乖巧又有慧根的學生，懂得老師無厘頭又脆弱的小小心靈！不過，我也得跟著「大笑三分鐘」呀？呃，可不可以打個折扣，只大笑「三秒鐘」就好了，比照辦理嘛！

後記

「大笑三分鐘」的創意搞笑作業，沒想到至今仍餘波盪漾，今天又有新的受害者，且聽小雯她怎麼說。

老ㄙㄨ，您在星期四出了一項「怪功課」！我吃飽晚餐後，就和家人宣布：「我等一下要去玩具房，如果聽到什麼聲音，不要嚇一跳喔！」

然後，我拿著計時器，按「三分鐘」，預備，開始！「哈哈哈哈哈哈哈哈哈。」

全家人突然嚇了一跳！爸爸說：「她在做什麼？」媽媽說：「她在『大笑三分鐘』！」哥哥說：「她瘋了！」

就這樣，我整整大笑了三分鐘！我也懷疑，我是不是真的瘋了？

這就是最標準版本的認真孩子，會將老師的每句話奉為聖旨。沒想到她還真的拿著計時器來計時喔！

看完這篇，我腦海裡竟不由自主的出現卡通「櫻桃小丸子」的劇情：小女孩在房間裡狂笑三分鐘、手裡還拿著計時器的畫面；而隔房，家人臉上盡是三條線，房裡刮起寒冷的北風與落葉。

能力25

帶著快樂放學去

今天快樂的回家後，就會很期待明天再快樂的來上學。管它今天在學校被老師臭罵、還是遭受老師碎碎唸攻擊，先贏了這一把再說吧！

我希望我的學生放學時，都能帶著比較快樂的心情離開學校，將學校變成是一個歡樂、明亮的印記！

所以他們得通過老師嚴峻的「猜拳遊戲」，才有辦法順利離開學校。

其實說穿了，不過是在放學時跟他們玩猜拳遊戲而已啦！

放學時，學生必須快速的在走廊上排隊，此時各路隊長就得趕緊將自己的路隊整隊好後請小隊蹲下，再向老師報告：老師覺得ok的路隊，就可以派人跟老師猜拳。

贏的路隊就可以優先回家；而輸的人，其路隊就得再回去整隊一次，再派另一個人出來猜拳。

聽起來很簡單，其實很刺激。眼巴巴的看著其他路隊先走，那是多嘔的一件事呀！

路隊長前來報告：「老師，我們整隊好了！」

整個路隊聲勢壯盛，一起喊著：「剪刀、石頭、布！」

YA！贏了，可以先走了！（老ㄙㄨ天音：嗚嗚嗚，我輸了。）

老師，我們也整隊好了！

平手，再猜一次。

甲：「哇，猜輸了。」
乙：「沒關係，我幫你報仇！」

不過猜贏的路隊，也不可以得意忘形，仍要規規矩矩的排好隊，下口令：「一、二、三，放學！老師再見！」若毛毛躁躁的離開，可是會前功盡棄，被老師叫回來重新排隊、重新猜拳！

有時候我的手氣太好，連續猜贏七連勝，這時總算猜贏的人，就會成為該路隊的偶像、國家的民族英雄！

孩子阿伯在聯絡簿裡，寫下當時猜拳的驚險畫面。

今天我們在走廊排好，老師就出來和每個路隊派出來的人猜拳。結果我們這個路隊只剩我還沒猜拳，我們路隊連輸了兩個人了，因爲連我共三個人，我就出去猜拳了。第一次平手，我就再出第二次，結果贏了！我們整個路隊十分高興，因爲不必等了！

今天快樂的回家後，就會很期待明天再快樂的來上學。管他今天在學校被老師臭罵、還是遭受老師碎碎唸攻擊，先贏了這一把再說吧！

能力26

無論遇到再大的困難，都不能放棄自己

我對著阿誠說：「我覺得你最近進步很多喔！不但作業都盡量有完成，連成績都進步不少。至少不會亂寫1234，而是會認真看清楚題目再作答了！」

剛接這個班級，就聽說有幾個有狀況的孩子。

其中一個，是一直被送去鑑定智能的孩子。

前任老師說這個孩子學習成就十分低落，大字不識幾個；考試時五分鐘就寫完了，連選擇題的答案也可以從1寫到5。但是鑑定結果卻說他毫無問題，只能說他面對學習，毫無學習動機可言。

開學這幾天，我觀察這個孩子，發現他在與人應答、應對進退方面並無太大問題，只是動作慢了點、話少了點，還有上課總是心不在焉，整個眼神始終沒有對焦在黑板上。連著幾節課下來，坐在第一排的他，桌上總是缺了課本，必須要提醒他把課本拿出來，才會看到他緩緩的將抽屜裡的書堆抱出來、慢條斯理的找到課本，再將其他書堆放進抽屜裡。

上課時，我提醒他要專心，他卻老是望著前方發呆；問他問題，他也裝作沒聽到。於是我只好改變方式，讓他到旁邊站一會兒，希望能讓他稍微警惕一下。沒想到，他仍是一副無所謂的表情。

不行！我怎麼可以讓這麼沒有學習動機的孩子，出現在我的班上？

下課時，我叫他過來。

他仍是以「月球漫步」的速度，緩緩的向我這邊移動。

唉呀，光是行為上就缺乏了積極性，於是**我很明白的告訴他，這樣的動作欠缺動力，老師不喜歡，請他走回去再走過來一遍。**

來回走到第四遍時，很顯然的他明白了老師是玩真的，所以他臉上開始露出著急的表情，速度上也明顯快了很多。

很好，這是我想要的。

接下來，我帶著他到教室外去聊聊。我將關於他上課的表現、就我所觀察到的部分說給他聽，並且告訴他：**「你這些行為，就是在放棄自己。讀書不是為了爸媽，也不是為了老師，而是為了你自己！你想過之後想要做什麼嗎？」**

很顯然的，這個問題考倒他了。這樣沒有學習動機的孩子，自然而然不會去想到未來、去想到學習的目的。不過，我還是用簡單的說法來跟他說明。

最後，我用堅定的眼神望著他，對著他說：「我不管你以前是個什麼樣的孩子，不過我要告訴你，老師沒有放棄你，所以你也不可以放棄自己！」

我請他複誦一遍，只見他喃喃自語的說：「老師沒有放棄我，所以我也不可以放棄自己！」

「待會上數學課時，我會講解得非常簡單，你一定聽得懂。但老師要看到全新的你，希望你能拿出最好的表現、認真的表情，讓老師看看什麼是不放棄自己！」說完，我跟他握了握手，給他一個堅定的笑容。

下一節上課時，他果然聚精會神的瞪著黑板，仔細聽我的講解。

幾題比較簡單的數學題目他都努力的參與回答，也都答對了。

我笑著對他說：「你看，其實你很聰明的嘛！」認真表情又露出不好意思笑容的他，其實顯得很可愛！

也許這只是一個開端，未來也許我們還有很多路要走，但我相信，**用激勵去取代責備，效果永遠會好上千萬倍**。

孩子，請你要一直記住這句話：「老師沒有放棄你，所以你也不可以放棄自己！」

英語老師看到我，急急忙忙的跟我報告：「老ㄙㄨ，你到底做了什麼事？為什麼阿誠會突然醒了過來？」

阿誠就是我叫他「不准放棄自己」的故事主角。

我發出了詫異聲，英語老師解釋說：「你知道嗎？之前阿誠在四年級，整整一年我叫他做什麼，他都沒有反應。作業也不寫，考試也亂寫，他就像塊石頭，動也不動的，連個聲音都沒有。沒想到這學期才剛開始，他就像突然醒了一樣，不但連作業都交了，連考試也考得不錯。老ㄙㄨ，你究竟做了什麼事呀？」

我笑著說：「我呀，我跟他『對話』過了！」

阿誠的社會科考試，考了六十四分，他歡呼的叫了起來。連全班都為他拍手叫好。下課後，我叫住阿誠，我對著他說：「我覺得你最近進步很多喔！不但作業都盡量有完成，連成績都進步不少。至少不會亂寫１２３４，而是會認真看清楚題目再作答了！」

阿誠又露出他那不好意思的招牌笑容。

我問他：「你覺得自己有進步嗎？」

「有哇！」他咧嘴笑著。

「為什麼呢？」

「因為……因為……老師說，不可以放棄自己！」阿誠這麼說。

能力27

要懂得感謝——體驗媽媽懷胎十月

原來當媽媽這麼不容易啊！我終於能體會媽媽的辛苦了。也感謝媽媽讓我在這個地方誕生下來！我想當時媽媽的肚子，應該比我的書包還重吧！而媽媽也希望她生下來的，是個有用的小孩。那我也要當個好小孩，不讓父母操心！

即將進入溫馨的母親節，學校裡開始推動各式各樣的母親節感恩活動。我也入境隨俗，進行了一連串的感恩教育活動，期許班上孩子能於活動中，培養出對母親、對家人感恩的態度。

今天進行的第一個母親節感恩活動，叫做「大腹便便」。

這個活動相當簡單，也相當普遍，就是讓班上孩子在腹部背上重重的書包，模仿並感受母親懷胎十月的辛苦。

孩子們在嬉笑聲中背起書包，又看到其他同學大腹便便的樣子，忍不住哈哈大笑了起來。

我為了讓他們感受更為強烈些，要求他們的書包要再「加重一些」，每個書包都經過我的手嚴格的「秤」過。有些孩子為了更逼真些，還用衣服將書包包起來，儼然是一個超級大孕婦。不過個人強烈覺得，這些「肚子」真的是大得有夠誇張的啦！

孩子們必須背著重重的書包，撐上一整天，不管在上我的課、科任課、下課，甚至是午餐、午休時間亦然。

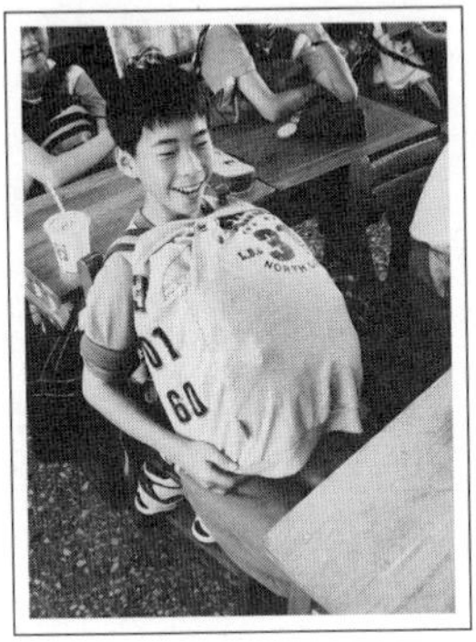

剛開始孩子們對這個活動顯得既新鮮又高興，但過了一會兒，便發覺大事不妙啦！這可真是件苦差事，因為不僅站著挺累，連坐著都覺得不舒服，甚至吃飯時都覺得礙事。

孩子們求饒式的拚命對著我說：「老師，饒了我們吧？」

要讓孩子背起書包，是輕而易舉，只要一聲令下即可。但如何從「玩」的意境中，提升到「深刻體認」的層次，這就得看老師的功力了。

我將孩子們負面的情緒轉移，讓他們試著去感受一下母親懷孕時，有多麼不方便；因為就連舉手盛菜、低頭吃飯，都是一大考驗。

在孩子們哀聲連連中，我提早在第六節結束了這個活動，每個孩子都鬆了一口大氣。

隔天，在孩子們的家庭聯絡簿中，出現了許多感人的留言。就像我常和他們說的：「如果有感受到的人，就算你賺到了！」

來看一下孩子們的留言。

今天老ㄙㄨ要我們背書包一整天，原本我超不想背。但是在音樂課時，我才知道媽媽連坐著都好累，我們坐在地上沒多久，腳就麻了。現在我才知道媽媽背一個三千多克的我有多辛苦了！

今天的「大腹便便」活動，我眞的滿混的！不過我也想了很多。我們背得很累，一心只想著早點放下就可以別理它了！但媽媽在懷我們時，爲了要讓自己的小孩健健康康的出生，所以再累也要扛起來。我們永遠體會不到媽媽的辛苦，但現在我也能了解媽媽的心情：期望肚子裡的寶寶快快長大，成爲一個有前途的好孩子，所以儘管生孩子很辛苦，一樣都堅持了下去。我希望我可以不要辜負媽媽，好好讀書，以後做個有用的人！

原來當媽媽這麼不容易啊！我終於能體會媽媽的辛苦了。也感謝媽媽讓我在這個地方誕生下來！我想當時媽媽的肚子，應該比我的書包還重吧！而媽媽也希望她生下來的，是個有用的小孩。那我也要當個好小孩，不讓父母操心！

能力28 要記得微笑

前一天才在部落格裡提到，請貼心的孩子在老師的桌前貼上微笑小卡。沒想到話才剛說完的隔天，班上的小鬼不知哪來的小道消息，馬上在班上如法泡製了一番。

正當我從昏昏欲睡的午覺中醒來時，抬頭一望，我的桌前怎麼密密麻麻的貼滿了小紙條？

上上禮拜隨手整理了我桌上「爆滿」的筆筒，用「爆滿」來形容我教室的筆筒一點都不誇張。因為所有教室裡撿到的筆，都會被放進這個班級共有的筆筒，靜靜的等著迷糊的小主人來認領它們回家。

不過，今天故事的主角不是這個筆筒，而是筆筒裡的小卡片。

小卡片是我在桌上無意間找到的，這張小卡片上頭寫著：「老ㄙㄨ，記得每天都要微笑喔！」

這張小卡片，收到已經好久了，一直被遺忘在層層堆積的雜亂文件裡頭。

這種小卡片其實我常收到，孩子們很喜歡用這種方式來關心老師。

收拾的過程中，沒地方擺，就順手插進剛整理好的筆筒裡。旁邊的小熊，是孩子玩膩後轉贈給我的。

上個禮拜，經常處理班級上的雜務處理到有些冒火。下課時，往往帶著微慍的火氣回到辦公桌前。一屁股坐下，就會看到這張小卡片：「老ㄙㄨ，記得每天都要微笑喔！」

「記得每天都要微笑。」「記得每天都要微笑。」每一次看到這張小卡片，這句話就會在電光石火間，在我腦海裡不斷地敲呀敲的，像極了「小當家吃到美味食物」的經典畫面。於是我會乖乖的努力擠出一點笑容來；而當微揚嘴角牽扯著臉部的神經時，所有負面的情緒就這麼神奇的散了。

「記得每天都要微笑喔！」嗯，好的！

我開始了我的微笑運動，就在每一次轉頭望見它時。一個不經意的臉部動作，讓我自己在情緒管理方面獲益良多。

雖然生活是如此的瑣碎、煩人，以致於我們忘了笑容；也雖然在苦悶的心情中要保持微笑，是件極困難的任務。但是，這張小卡片提醒了我，我會努力試試的。

突然想到，也許我們可以來發動一個微笑運動！

所有貼心的小鬼們請注意，請寫張微笑小卡，明天就偷偷貼在老師的桌前吧！

前一天才在部落格裡提到，請貼心的孩子在老師的桌前貼上微笑小卡。沒想到話才剛說完的隔天，班上的小鬼不知哪來的小道消息，馬上如法炮製了一番。

正當我從昏昏欲睡的午覺中醒來時，抬頭一望，我的桌前怎麼密密麻麻的貼滿了小紙條？

回神一看，竟然是一些「烏龜圖」的小卡片？……會不會是我眼花了呀？怎麼會有一大堆的烏龜在我面前爬呀爬的呢？

每一張小卡片，分別是標明了1～6號的「微笑烏龜」，說真的，我真是丈二金剛摸不著頭腦。這該不會是在罵我吧？

後來一陣靈光乍現，原來這是現在他們最愛看的「微笑Pasta」裡，有名的微笑烏龜加油卡呀！

好啦！謝謝貼心的你們。老ㄙㄨ會乖乖的保持好心情，每天都會遵從命令，對你們擠出迷死人不償命的微笑的！

（「叮！」現在正努力咧嘴的笑出一口白牙，閃了一下迷人的光芒中……）

能力29

累積不同的體驗——去跨年吧！

讓我十分驚訝的是，今天到學校一問，發現大約有三分之一以上的孩子，在元旦的前一刻都到了跨年倒數的現場，跟著人群一起High！

正值元旦佳節，想讓孩子們有個輕鬆又有意義的元旦，所以我又出了一項「奇怪」的作業——「可以的話，記得去跨年喔！」

這項作業，如果孩子們和家長們一同協力去做，一定可以得到相當深刻而有意義的親子體驗價值。不過我們的學校，位於台中縣的大里市，其實距離台中市體育場有些距離，所以我很強調是「可以的話喔」！（呵呵，這樣才不會被家長們k。）

不過讓我十分驚訝的是，今天到學校一問，發現大約有三分之一以上的孩子，在元旦的前一刻都到了跨年倒數的現場，跟著人群一起High！

當然沒有機會到現場去倒數跨年的孩子們，也有他們自己的跨年法。

今天台北兩個表妹回來我們家玩，我們一起瘋狂、一起玩。我們玩了許多要動腦的遊戲，一起玩八大疑點，超有趣的！而且她們來我們家住了三天喔！

我們還想一起跨年，不過太晚了，被趕去睡覺了，但我和妹妹在房間裡偷偷倒數十秒來跨年。我們有好幾次要睡著了，不過還好我們有用彼此所知道的笑話撐過十二點，完成跨年倒數的活動。

躲在棉被裡，靠著彼此的笑話撐過十二點，這種意志力真是令人十分佩服。說真的，我個人覺得這種跨年倒數法，其實還挺有創意的！給小堯拍拍手，加你個十分吧！

我想，不管是有到現場倒數，還是躲在棉被裡倒數，我們都揮別了二〇〇六年，勇敢邁進二〇〇七年。

也許過去的一年有些不如意，大家不妨用力吸飽一口氣，甩甩頭，再跟新的一年說聲「嗨」吧！

能力30

要學會讚美——跟五個人說好話

一句好話裡頭，包含了說話者無比的誠懇心意，可以讓聽話者心情高興一整天。「讚美他人」的說話訓練術，就潛藏在制式作業中，悄悄的展開。

受不了每天出重複性的制式功課，所以我都會偷偷藏些天馬行空的作業，釋放他們的創意與生活適應力。這一次出的特別功課，是「跟五個人說好話」！

跟五個人說好話，並且讓這些得到好話的人，在聯絡簿裡簽名。

我說：「你們不要只說些『你好帥』、『你好漂亮』，你要說得讓對方感動，甚至快哭出來才行。」

當然有些孩子是應付了事，但是也有認真完成這份作業的孩子。

我想最後得到最多收穫的，還是他們自己。

孩子呆嫻，就在她的聯絡簿上這麼說：

「我今天跟五個人說超感動的話，連我都快哭了呢。」

至於她到底說了什麼？認真的她，也將內容記錄了下來。來看她怎麼寫吧！

張濰甫：本班最有女人緣的，就是你啦！

巫玟萱：你是我認爲最卡哇依的人了，紅紅的臉頰，太迷人了！

余旻峰：胖嘟嘟的臉，超可愛！大大的肚子，很有福氣呢！

王青璇：雖然你很害羞，但是自己有自己的優點！

郭卉純：雖然你兇了一點，可是我發覺你很有男人緣呢！

一句好話裡頭，包含了說話者無比的誠懇心意，可以讓聽話者心情高興一整天。

「讚美他人」的說話訓練術，就藏身在制式作業中，悄悄的展開。

能力31 學習態度要積極

沒想到我這番話，會引得班上孩子掉淚，小柔，老ㄙㄨ想要告訴你：不用為了自己的落淚而不好意思，它代表的是——自我的誠實面對，與心境的美麗蛻變。

星期四我又再度抽考了一題「解說到快發霉」的老題目，但還是有一些孩子沒答對。

我想起我看到在上數學課前，這些孩子就開始認真演練數學，（嗚，為什麼不能早一點？為什麼不是在前一天晚上呢？）並且努力的向同學們發問。

抽考結束後，在這些答錯孩子的臉上，個個露出洩氣的神情。等到他們坐下後，我看到不少學生自行將錯誤的答案擦掉，自己又重算了一遍。

於是我對著他們說：「**其實老師在乎的，並不是你們有沒有答對，而是在乎你們的學習態度。**我看到你們在課前就開始努力的複習功課，而且現在還有很多人自動的將題目重算一遍，想盡辦法想要弄懂它，而不是讓老師來『請』你們重算一次，這種學習態度就讓老師好感動！

「老師也要期許你們，**數學題目答錯了沒關係，只要你們有面對自己的勇氣，而且一直保持著積極的想法，不要被自己打敗了；一天一天慢慢的進步，有一天，你會感受到那種自己成長的喜悅的！**」

隔天，孩子小柔在聯絡簿裡寫著：

今天數學又答錯了，好難過喔！

今天聽到老ㄙㄨ說的那些話，好想哭。

老ㄙㄨ邊講，我邊流下幾滴眼淚，眞是想哭，覺得好感動啊！

老ㄙㄨ爲了讓我們聽懂怎麼算這些數學題目，花了好多時間，但是我們數學都沒有全對。老ㄙㄨ也很高興！因爲大家想把數學弄懂的心情，老ㄙㄨ感受到了，我才會哭。

但是我偷偷的哭，連旁邊的同學都沒有發現呢！所以眞是非常謝謝老ㄙㄨ。

沒想到我這番話，會引得班上孩子掉淚。

我想，那是種複雜的情緒，包含了「懊悔」、「不甘心」、「不想放棄」、「沒想到這種沮喪的心情老師竟然懂」的心情，揉合成一顆顆令人不捨的淚珠，潸然淚下。

小柔，老ㄙㄨ想要告訴你：不用為了自己的落淚而不好意思，那掛在臉頰旁的，是串串珍貴的珍珠。

它代表的是——自我的誠實面對，與心境的美麗蛻變。

能力32 要學會默默付出

在一陣錯愕後，他努力的擠出一絲笑容，對著我說：「我看……我還是選擇第二種方法好了。」

「太棒了！我就知道小豪是一個『默默付出的、很貼心、很善良、很博愛的』的好孩子。」

小豪在班上負責倒垃圾的工作。前幾天他跑來找我，對著我說：「老ㄙㄨ，有人沒做好資源回收。」

我往垃圾桶裡望去，一個早餐紙杯孤零零的躺在垃圾桶底部，想必是被負責垃圾車打掃的班級退貨了。

小豪繼續問：「老ㄙㄨ，該怎麼辦？」言語之間，是要我這個公正不阿的嚴官，絕不寬貸的好好查辦究竟是誰亂丟的。

我對著他說：「這事有兩種處理方法，第一種方法是『我』來處理，我會對著全班怒斥一頓，大叫『是誰沒有做回收呀？』然後化身科南，對著一個個有在教室吃早餐的同學，逼問他們到底是誰亂丟的。這過程大概會浪費掉大家半節課的時間。而這半節課裡，大家都會坐立難安，心裡一直嘀咕：為什麼倒垃圾的同學不自己把它清掉就好了？

「第二種方法是，有人會『默默的、很貼心、很善良、很博愛的』把這垃圾拿去清洗乾淨，並且主動拿去資源回收。做了如此偉大的善行卻沒有告訴別人，可是卻被老ㄙㄨ發現了，老ㄙㄨ就會大受感動，心裡就會想著：『哇！我們班上怎會有這麼善良的同學呢？』於是我就會淚流滿面的獎勵他，並且給這個聖人一張獎卡。」

這小豪不知道是裝傻，還是頭腦真的轉不過來，又問了：「那有沒有第三種方法？」

「有哇！」我說。「第三種方法，就是這個人還會拚命的問『還有沒有其他方法呀？』於是老師就會惱羞成怒，很生氣的叫這個倒垃圾的人不要再廢話了。並且老師還反過來算舊帳，指責這個人為什麼前些日子倒垃圾時，還把垃圾桶給打破了？」我邊說，邊瞄著眼前破掉的垃圾桶。

「那還有沒有第四種？」話說到一半，小豪突然閉嘴，像是嘴巴裡被塞了個大饅頭，吐不出一句話來。

在一陣錯愕後，他努力的擠出一絲笑容，用那兩排整齊的牙齒，咧著嘴對著我說：「我看……我還是選擇第二種方法好了。」

「太棒了！我就知道小豪是一個『默默付出的、很貼心、很善良、很博愛的』好孩子。」

我邊抱著他，邊用周星馳那超慢的無厘頭口吻說著：「好孩子，真—是—太—棒—了！太—棒—了。」我也學他咧著嘴，但用我那不太整齊的牙齒這麼說著。

能力33 要學會改變

那句「千金小姐」，不禁讓我笑了出來。

這應該是媽咪常數落她的話，沒想到其實孩子自己的心裡也很清楚。從「千金大小姐」到「體悟到時間的寶貴」，這中間如此大的轉變，實屬難能可貴。

教學多年，我在開學時會發現有一件很有趣的事，當他們經過一個長長的暑假或寒假，再回到學校時，突然每個孩子都變得既乖又可愛；不但以前的不良行為消失了，而且還會自動自發的做好每一件事。這個時間大約會有一個禮拜，我都稱這段時間為「乖寶寶鑑賞期」。

究竟是怎麼回事呢？我想經過一個漫長的假期，孩子們都渴望回到學校。以前不好的事全都忘了，一切又是新的開始。

安靜的看著報紙，連值日生都自動自發的掃起地來……都不用老師要求。

在「乖寶寶鑑賞期」的蜜月期中，不但能看到乖寶寶的優異表現，也能看到很多精采又感人的短文。這些短文，娓娓道出孩子們經過長假後的成長，與心態上的轉變。

Dear 老ㄙㄨ：

今天是開學第二天，變得好忙喔！一下子要補習，一下子又要寫功課。忙，太忙了！

等一下我又要去上作文課，好想回到以前的生活，因爲以前都不用補習，每天慢慢的做事也不怕遲到；每天都當「千金小姐」，事情都慢慢做。現在我知道時間是很寶貴的，就像媽咪說的：「時間是不會等人的，就像河川的水一直往下流。」

啊，不說了，我要去補習了。Bye bye！

那句「千金小姐」，讓我不禁笑了出來。

這應該是媽咪常數落她的話，沒想到其實孩子自己的心裡也很清楚。從「千金大小姐」到「體悟到時間的寶貴」，這中間如此大的轉變，實屬難能可貴。

另一位孩子，上學期功課缺交、上課愛講話的狀況也挺多的。沒想到才一開學，他就交上了這麼一篇感性的內省文章。

> 親愛的老ㄙㄨ：
>
> 新年才經過幾天，我們全班的人都多了一歲了。上學期您的病不知好多了沒有？我想應該是有好一點了吧？
>
> 老ㄙㄨ有覺得我有變了一點點，可是上課愛說話的壞習慣我會再改進的，讓愛說話的習慣消失。這樣就不會吵到老ㄙㄨ上課了！（笑）

其實我相信在每個孩子的心中，都渴望當個好寶寶的。

所以這時候老師說的什麼話，都會起很大的作用。**我會誇獎他們自動自發的完成每件事，也會讚美他們作業完成度高達百分之百；任何獨特的美德行為，此刻都會被拿出來表揚，讓同學們學習、仿效。**於是「乖寶寶鑑賞期」的效用，就會無止盡的放大、拉長。

乖寶寶們，希望你們就這樣拿出高度的表現，一直乖到學期末吧！

能力34

傾聽，讓關係更親密

慢慢的，她從連在班上都不敢站上講台，到現在面對全校師生也能從容表演，她的成長真是值得我們喝采！

可是，她的父母卻從未到場觀賞過她的表演……

上禮拜，剛開完這學期的班親會，來了十三位家長。這樣的人數在學年裡，已經算是「高出席率」的了。有趣的是，每次蒞臨班親會的家長總是那些熟面孔，而且來的每個人幾乎都是十分關心孩子在校表現、勤與老師聯絡的優質家長。

以一個老師的立場，其實我也想和那些不曾謀面的家長，聊聊他們的孩子。

我想跟他們說：「您的孩子在校表現很傑出，當他們表現好時，請不要吝於給他們讚美……」「如果您可以抽空多陪陪您的孩子，您的孩子就會更貼心、更願意為您表現出懂事的一面……」

隔天，在孩子三碗冰的聯絡簿上，我發現了這一篇短文……

回到家後，我一直叫媽媽去學校，因爲我也想去那裡跟同學玩，也想看看班上同學的媽媽。但是媽媽就是不要去班親會。不管我怎麼說，媽媽就是不要去。媽媽說：「一年級就去過了，爲什麼還要去？」

之後我就跑進去房間了。唉，我好希望媽媽可以去班親會喔！眞是的，一年級是一年級，現在是現在，有什麼關係呀？我本來很希望媽媽可以去班親會，然後看我的聯絡簿寫什麼，可以稱讚我，只有一句也沒有關係。

可是，媽媽還是不能去，讓我好失望喔……

從我接到三碗冰這個孩子，我就覺得這個孩子十分的不同。

外表總是嘻嘻哈哈的她，內心卻有著敏感、細膩的心思；愈接觸到她，愈想把她內心那些不愉快釋放出來。

同時我更訝異的發現：她有著極優異的表演天分！天生誇張的肢體動作，以及滿腦袋天馬行空的想法，真是太適合走表演這一行了。

於是我安排了大大小小的表演場合讓她上台，包括：在全五年級的合唱比賽中擔任戲劇主角；以及在全校重要的畢業典禮上，擔任戲劇串場的工作。

慢慢的，她從連在班上都不敢站上講台，到現在面對全校師生也能從容表演，她的成長真是值得我們喝采！

可是，她的父母卻從未到場觀賞過她的表演……

我很能體會這種感覺。小時候，我的爸媽一次也沒有出席班親會。我知道他們因為工作忙碌，但是我小小的心靈，還是希望他們能進入我的學習世界，聽聽老師對我的讚美，我相信他們一定會很引以為豪的。

孩子的成長過程需要父母的陪伴；同樣的，孩子的成長期也是有時限的。

當父母能在這段時間內多陪陪他們，親子關係就會更密切些；當我們疏忽了他們的成長過程時，也就浪費了上天賜給我們享受美好幸福的機會！

如果這個故事到這裡就停了，自然而然學生品德內化的程度就不夠深入。所以我想把這個故事延伸下去，我請阿芯上台唸出她的短文，當她唸出來時，台下曾幫助她的人，會感到既開心又有點不好意思；而其他人也會藉由文字的力量，感受到「為善最樂」的真實意義！

能力35
要學會貼心

網友eshin問道：「老ㄙㄨ班上的孩子怎麼會如此貼心，令人感動！這是怎樣教的啊？」

孩子的貼心，其實需要被教導；教導他們如何表達真實的情感，以及重視人與人之間的親密互動，這是非常重要的。

上禮拜發生了一個故事，孩子阿芯在升旗時，因為人不舒服，在走廊上吐了。

謝謝全班在我吐的時候，有些很熱心的同學幫我把吐的那一塊地拖乾淨。我要去拿拖把時，小琪跟我說：「你去休息就好了。」但我還是堅持要出去拖地，畢竟那是我吐的，我也趕快出去把地拖乾淨。也謝謝大家的關心，我已經好多了。

就在阿芯吐了之後，一群孩子急忙的拿著抹布、拖把衝出教室，幫她把嘔吐物清理乾淨。太難得了！能不嫌髒、並且熱心幫助需要幫助的同學，這樣的情操真是難得。也難怪阿芯既是感動、又是不好意思，在聯絡簿上寫短文感謝這些同學。

如果這個故事到這裡就停了，自然而然學生品德內化的程度就不夠深入。所以我想把這個故事延伸下去，**我請阿芯上台唸出她的短文，當她唸出來時，台下曾幫助她的人，會感到既開心又有點不好意思；而其他人也會藉由文字的力量，感受到「為善最樂」的真實意義！**

這時，老師再藉機來點正增強，每個人頒發一張小獎卡，當作鼓勵他們高尚品德的小小獎勵。

從台下其他孩子的眼神，看得出來很心動，也知道了老師很愛他們表現出這種人性光輝的一面。因此如果下次有相同的場景出現時，所有人也會知道該表現出什麼樣的行為，才會最適當！

所以也許明天還會有人再寫上一篇「今天我很高興拿到獎卡，因為……」「今天我看到同學吐時，有同學義不容辭的衝出去幫忙……」的短文，那麼我們就可以讓這些故事，繼續不斷的延伸下去，持續不斷的感動著我們的內心深處。

這也就是為什麼，今天飯糰在台上唸她送爸爸出國的短文、她忍不住掉下淚時，有那麼多人衝出來遞面紙。無非是上回班上孩子看到三碗冰唸短文、流下真情的眼淚時，同學的愛心面紙，讓他們學會了該如何去安慰他人！

孩子的貼心、善良，其實是可以被引導的。經過引導與學習後，他們會展現出人性最高貴的那一面來。

能力36

要正視自己的問題

考卷一發下，小胖興奮的跑過來，對著我大叫著：「老師，我及格了！老師，我及格了！……」碩大的身軀，驚人的音量，朝著我跑來，我心中還著實害怕了一小下。

昨天我在黑板上寫上一項功課：「明英小考（務必要及格！）」提醒孩子千萬別忘了回家要讀書。

為何要在黑板上加註「務必要及格」呢？這是因為現在的孩子，英語程度實在是落差太大了！有人已經英檢通過；有人卻連簡單二十六個字母都不認得。英語小考，每回只考不到十個單字，卻有一堆人考不及格！

上學期有一回英語小考，全班有將近十個孩子考不及格，我就十分嚴重關切這個問題。我相信如果他們願意，考及格不是難事，但是最令人擔憂的，是他們那種無所謂的態度：「反正考不及格又不會怎樣。」問題是，這只是「十個單字的考試」。

後來我就讓這些孩子去寫反省單，希望讓他們自己找出學習上的盲點。

一大堆反省單上，密密麻麻的都是「我不該這麼不重視英文考試。」「我應該多花點時間在背單字上。」……

我收了他們的反省單，在眼神交會中，我給了一個「我相信你們說的」眼神。

後一週再度考試時，全班就只剩兩個學生不及格。

小胖是其中一位反彈最大的孩子！他把反省單拿來給我看，上頭寫著：「以前我每次都考不及格，我就是不喜歡讀英語，不過這次我已經盡力了……」本想和他一起找出其中的原因來，沒想到他愈哭愈慘，所以我也沒說什麼，就讓他拿著反省單去給英語老

師看。

英語老師卻在事後對我說：「老ㄙㄨ，這個孩子還真是有趣！」

今天的英語只考六個單字，考卷一發下，小胖興奮的跑過來，對著我大叫著：「老師，我及格了！老師，我及格了！……」碩大的身軀，驚人的音量，朝著我跑來，我心中還著實害怕了一小下。

我對著他微微笑，伸手想拍拍他的肩膀，沒想到他竟然衝過來抱著我，拉著我跳上跳下的。

說真的，一堆肉用力的抱著自己，並且瘋狂的跳著，這種感覺挺令人錯愕的！不過我也喜歡孩子這種直接、真誠的舉動，可以感受到他們是真心的想和老師分享內心的喜悅！

看著小胖一路走來的轉變，感覺真好！

孩子就是要讓他們自己去正視自己的問題，找出他們學習的態度與動力。

用愛救回孩子

用愛救回孩子

她從以往不重視課業，變成能躍身全班的中間名次，她除了證明了自己的能力之外，我還看到的是，她有決心面對自己。

故事從頭說起

我的班上有兩位來自不同班級的逃學孩子。

以前就時常耳聞這兩位學生的情況：經常性的放自己假，心情不好，就不來學校；一星期約莫休息三、四天。弄到兩位班導師束手無策，每日打電話叫他們起床上學！

誠如我剛才所言，非常幸運的，這兩位逃學的孩子升上五年級之後，全落在我手上。一男一女，每天跟我玩輪休制：他來她沒來，她來他又沒來。全班似乎永遠湊不齊三十五位學生。

剛開學的時候，我信心滿滿，自認有辦法掌握這兩位逃學的孩子。我每天跟他們鼓勵、打氣，什麼正增強、同儕力量我全都用上了，也十分如我所願的，這兩個孩子，剛開學一個月內，只缺席一天！

之前的兩位班導師，全帶著嫉妒且羨慕的眼神說：「還是你比較有魅力啦！」輔導主任也滿意的拍著我的肩膀說：「恭喜你，成功的抓住孩子的心了！」當時我也是這麼想，但直至今日，我發現我還是遠不及我所想像的那樣，我還是被這兩個孩子打敗了。

男學生還好，是屬於不聰明且反應慢的孩子，除了每星期一固定不來之外，前幾個禮拜還上演了一齣「和壞孩子離家三十六小時且偷東西」的戲碼。

女學生則是每日遲到，除了每天約曠課兩節課，最近還曾去偷東西、半夜約網友見面、在學校自行叫外賣飲料入校、每天上安親班需要同學在校園內把她追回。

前兩天還上演了自殺記，只因學校為了保護她、要求她放學後留下來上學校的安親班。她為了「自由」，而拿美工刀亂劃手腕。

我累了，每天的苦口婆心、好心勸導，換來孩子的怒目相視。我的耐心似乎已被磨盡，而瀕臨崩潰邊緣。

於是昨天我動怒了，這是我從教她到現在第二次生氣（第一次是在上禮拜她兒輔導主任時）。這一次是因為她又叫外送飲料，且正準備蹺安親班的課。今天，她又上演了遲到、聯絡簿內完全空白、功課完全沒交的戲碼，我不禁對著她生氣的說著：「你把所有人對你的好當作什麼？你憑什麼把所有人對你的好踩在地上？」

我真的氣到全身發抖，因為大家的苦心全白費了；另方面，我好擔憂她，小小年紀，姣好的臉蛋與發育良好的身材，已經引來校外中輟生的覬覦。我怕再救不起來，就太遲了！我在下賭注，希望這番話能點醒她；或是，失去她永遠的信任。

夜深了，爸爸你在哪裡？

男學生一早就來學校，因為星期五他沒到校，於是自己心虛的跑到外掃區去打掃，卻被我逮個正著。

男學生是個反應極慢的孩子，身材瘦小，講話三句中沒兩句可以聽得懂。但是他的臉上，總是掛著一副滑稽的笑容，這也是我沒法子生他氣的原因。

我說：「星期五你為什麼沒來？」

他吞吞吐吐的說：「睡過頭了。」

「那你昨天又跑去哪裡了？」

「在家裡。」

我隨便回他一句：「亂講，你又跟壞孩子出去玩了喔？」

三兩下他就乖乖承認，他星期五是跟國中中輟生一起鬼混。

我一聽，心裡一驚：完了，又來了！於是我緊迫盯人，逼問他星期五的情形。

原來，前一天他看電視看太晚，隔天起不來，早上爸爸叫他又叫不起來，就索性不管他，自行上班去。男學生起床後，遇到中輟生，於是又在外頭玩了一整天。

再深入查下去，男學生說：「啊我爸就每天很晚回來，有時候天亮才回來！我一個人不敢睡。」

雙親離異，他目前跟著爸爸同住，家中連電話都沒有。想到他經常整夜孤單的守候在電視前，只因為不敢睡、要等爸爸回來，這樣的畫面都快讓我崩潰了！

我只好語氣放輕，和他真誠的溝通，平時不太說台語的我，不知怎麼了，突然都輪轉了起來。我先請他跟那些國中中輟生不要往來，並且請他早些入睡。

他說：「啊，可是我不敢睡。」

「那就拿條被子，躺在客廳裡，邊看電視，邊等邊睡吧！這樣你就不怕了。」

「不過，**你一定要記得，不管睡起來多晚，也一定要來學校上學。即使已經下午三點了，也一定要來學校**。否則如果你因為晚起卻不來學校，我會生氣喔！」他點點頭。

「你有看到我對女同學生氣的樣子吧？你希望我對你那樣嗎？」他連忙搖頭。上次我罵女同學時，他剛好被我留在旁邊。很顯然的，有收到殺雞儆猴的效果！

我跟他打勾勾，並讓他和我蓋下一個展開新生活的生命約定。

鏡頭一轉，來看女學生今天上學情形。

今天一早，不到八點，就看到她端正坐在教室裡，忙著補上未完成的功課。

她的聯絡簿裡，則是出現了這樣的字句：「我覺得我是應該改一改自己，禮拜一一定要在七點四十分以前到教室。」

其實一早就想誇獎她，於是在聯絡簿中，我這樣和她互動：

「看到你這樣想，以及今天這麼早就到校，老ㄙㄨ好感動！老ㄙㄨ也要爲你鼓鼓掌，畢竟你願意跨出第一步了！好習慣的養成，需要用時間去證明，願你繼續保持下去！」

天秤的兩端

不少人問道：那兩個逃學的孩子後來怎麼了？我想把他們最近的情形做個說明，當作是個不太完美的句點！

男學生仍是保有一週一到兩天未到校的習慣；但不同的是，隔天我問他，總是有不同的理由。有些天是因為身體不舒服；有些天是去媽媽家；有些天則是因為睡過頭了，又不敢來學校。

最讓我沒辦法接受的，就是這個理由，我盯著他問：「為什麼不敢來？」

「我就不敢呀，不敢走過來學校！」緊張的雙眼，流露出認真又無奈的表情。

我只好跟他約定，如果睡過頭，不管多晚，都要打電話到班上，我再去接他來學校。

上禮拜，他連續兩天都沒來學校，這是從來沒有發生的事，我緊張的打電話給他爸爸。他爸爸帶著一大堆的抱歉和藉口來學校，我用不太客氣的語氣告訴他，孩子在家等他不敢入睡的心情；同時也告訴他孩子在學校有逐漸進步的情形，但如果不來學校，一切的努力都將歸零。

我又急又氣的跟他溝通，孩子的爸唯唯諾諾稱是，留下一堆「抱歉」和「約定」，然後逃走！

隨後我問孩子，他說：「昨天，我真的是身體不舒服！今天，則是睡過頭。」

「那你為什麼沒有打電話叫我接你？」

「我不知道學校的電話呀！」

雖然身為五年級學生，但缺乏文化刺激的他，卻連打電話都不會。於是我又從頭教了他一遍學校的電話該怎麼打，並跟他手打勾勾約定：下一次遲到，一定要打電話！

除了缺席的問題，他在功課方面，也有逐漸好轉的情形。

從都不交作業，到現在逐漸有部分作業交出；聯絡簿的短文訓練，也從一個字都懶得寫，到逐漸有些不一樣的師生對話：「今天我沒遲到，我眞高興。」「今天眞高興，因我有來上學，同學也高興，老師都沒有苦瓜臉。」「小庭今天她教我國語，我要謝謝她，我也要多加油。」

有一天他這麼寫：「老師，我有進步都是你教我的。」

「阿傑，在成績方面也要努力喔！」我想該是讓他開始注意功課的時候了。

昨天，他的聯絡簿如是說：「我今天國卷沒寫，被扣平常分數四分，我改天一定要寫，不然會跟不上同學，也會一下被扣分，扣到沒有分，我就零分了！」

我回應他：「知道就好，要尊重自己的分數！」

另一方面，女學生的出席狀況有明顯的進步，遲到的情形也逐漸改善。

上週她未到校，隔天在我桌上出現她的道歉信，聯絡簿中則是她請假的詳細經過：

「老師，對不起，因昨天我原本要來，結果我人不舒服，所以我才沒有來。可是我有打電話，第一通有人接，第二通沒有人接，第三通打不通，所以才沒請假。可是老師我不是又回到以前了，請老師原諒我。」

今天的聯絡簿攤開來，有她混亂且錯字連篇的字句，橫跨了兩大頁：「我每天到了家，好像回到地獄的家，到了學校也好像到了一個地獄的校園。可是老師我後悔了，因爲我以前都沒有去想過你們對我多關心、擔心，我都以爲外面的人都對我比較好，所以我才會認定外面的人。可是回頭來想一想，我覺得外面的不好，我也沒去好好想一想。我想要好好來改變我自己，可是我不知道我還有沒有機會？」

「老師我眞的好後悔唷！昨天我跟六年級的姐姐們聊天，其實姐姐們也是愛玩，可是她們都在幫我、勸我，我眞的很感謝她們。姐姐還跟我說sorry，可是我不想她們跟我說sorry！老師眞對不起，當初沒有聽你說的話，也沒有想過你的關心與擔心；我更對不起主任，當初跟主任沒大沒小的說話；也對不起安親班的兩個同學，害他們這樣跑來跑去的找我。更加對不起的是我的父母，每天擔心我。大家對不起！」

我在聯絡簿中，這樣回應她：「你能有這樣的轉變，老師覺得很訝異，同時更覺得高興！（感動得哭了。）**老師永遠不會放棄你的，除非你先放棄自己。加油吧，要勇於面對自己的舊習慣！想要改好，還有一段漫長的過程。老師會永遠支持你的！**」

有天下午，我讓全班自修，這兩個孩子突然坐在一起，很努力的寫些什麼。

隔天，我就發現到他們兩個的聯絡簿寫得滿滿的。其中，女學生還在男學生的聯絡簿中寫道：「要寫唷！我也會加油的，我們一起努力吧！」

男學生也在文後，寫下：「ok！」文後有他的簽名，有點類似畫押式的約定。

看著看著，我的眼睛似乎有些酸。

這算拯救成功嗎？我不知道，但我知道我們之間還有很長一段路要走。什麼是這兩個孩子改變的契機呢？我也不清楚。同事們甚至質疑，到了國中，會不會所有的努力都前功盡棄呢？說真的，我也不知道。

但我只知道，這兩個孩子，像是懸在我心頭的天秤，永遠在搖擺、晃動中。期待他們能順利站上正確的支點，學習如何取得人生的平衡！

離家出走

班上那位不愛來上學的女學生，終於離家出走了。

從昨天到今天，整整有兩天找不到人了。

我的心情很沮喪，想到我這一年多來的苦心勸誡，終究還是宣告失敗。

從上個禮拜，她就一直很不對勁，連續八天沒有來學校，創下她求學生涯的曠課最高峰！但據她家人的說法，是去醫院開刀，但是問她爸爸是去開什麼刀，他總是支支吾吾、推說「不知道」。好一句「不知道」，竟然連自己女兒要去開什麼刀都不知道？

開刀完兩天後，她原來要回來學校上課，結果卻音訊全無。

班上同學搶著跟我說：「老師，很奇怪耶，她那天說要去開刀，可是放學後我在學校有看到她來打球。」「老師，昨天我有看到她，和她的男朋友在夜市逛街。」

才六年級的她，已交了個高中年齡的中輟生。

聽學校警衛說，每天放學後都看到她和男生在校園裡摟摟抱抱的。之前覺得這事情嚴重，還特地與她溝通了一番，她也再三表示絕對會保護好自己的身體安全。不過聽到學生這樣和我打小報告，我覺得事情非同小可，特地打電話去她家關心，沒想到還被她爸爸掛電話。

可是我心中無法釋懷的是，在逃學的前兩天，她才在聯絡簿裡寫滿三大頁：她想重新開始讀書、她很感謝老師和她身邊的天使們、她好幸福有這麼多人在幫她、她想回到低年級只是單純的讀書、她想買參考書重新開始。

批改聯絡簿的我，看得是相當感動，當場將書商贈給我的參考書送給她。沒想到，結果卻……

學校方面，已跟她父母溝通過好幾次，連口才極佳的輔導主任，也碰了一鼻子灰。女學生在連續八天未到校後，終於來了。一開始大家滿心歡喜的迎接她的迷途知返，沒想到才來了兩天，又連續三天沒來學校。在學校的奪命連環Call之下，才赫然發現原來她早已離家出走兩天了，這兩天她家人完全不知道她的行蹤。而她家人的態度，一開始是表現出不聞不問，後來是隱瞞實情，現在則是不知所措，然而卻始終沒有採取任何行動。

同事還補上一句：「會不會之後回來要幫她坐月子？」

找了她兩天，今天中午，終於在鄰近的國中找到她，被帶回學校來。她的父母則是搖搖頭，一臉無奈，什麼也沒說，就回去了。

我想到一年來的苦心全白費了，心裡既難過又無力。

這一年多來，我總是打電話到她家去叫她全家起床，好讓女學生能來學校上課；我總是忽視她遲到的事實，心想「她只要有到學校就好」；功課沒交，我很有耐心的等她交來，甚至也睜一隻眼閉一隻眼的把她沒交的號碼劃掉；犯了錯，我盡量以理性代替責罵來與她溝通，並且常和她打勾勾一起約定「一定要更好喔！」比起別人的聯絡簿，我花了更多的時間在批改她的聯絡簿，上面滿是我的真摯回應與建議。

她回到學校被安置在輔導室的小房間內。我走進去之後，發現她正淚流滿面的與輔導主任進行訪談。我問她：「你有什麼話要跟我說嗎？」

她沉默了好久，流著淚緩緩的說：「老師，對不起。」

我發現自己的心好累、好沉重。這個社會究竟是出了什麼樣的錯，這樣的家庭，究竟造就了多少的悲哀？我心力交瘁，無言以對。

自殺

在逃學女學生的聯絡簿上，我發現這兩張紙條。A4大小的紙張中，寫了「回頭還來得及嗎？」的標題，令人看了觸目驚心。

翻開來，她是這麼寫著：

「我的話：也許我是個帶給別人麻煩的人，我怕失去了

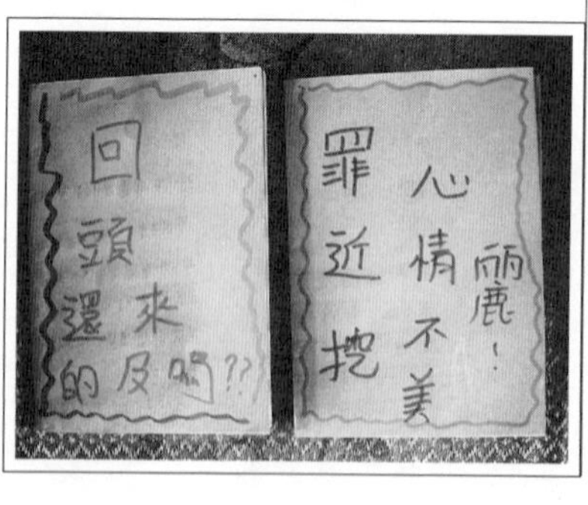

一個人。老師，我現在想回頭變乖，不知道還來得及嗎？我總覺得我太遲了。要是變乖了，別人都看不出來呀～我終於想清楚了～我想變乖～變成一個乖巧的女孩！但不知道我還來得及嗎？」

歷經了離家出走、社工人員介入、輔導主任每日電話追蹤、我板起臉孔每日嚴格盯她、學生拿刀自殺，這些大風大浪之後，最近這個禮拜，似乎顯得風平浪靜許多。

看到這麼一封留言，慶幸的是，我和她之間的師生關係，似乎仍未變糟；慶幸至少我們之間的溝通管道還在；慶幸她還願意和我聊聊心裡的事。

不過，我也不認為這樣一封信代表的就是「王子和公主從今以後過著幸福快樂的日子」，也不代表著她自此之後完全的痛改前非，因為這樣的信件以前也曾經有過。

一時的理智，永遠敵不過生活慣性使然，這中間畢竟仍存在著極大的差距與努力的空間。

不過我還是心存感激，給了她一些正面積極的回應：**「回頭永遠來得及！只要你隨時提醒自己『我要變乖』，那麼沒有解決不了的事情。別人也會對你的改變感到高興，感到佩服！」**

另一封「罪近（最近）挖（我）心情不美麗」的紙條，讀完心情更是沉重。輕描淡寫的字句中，藏著極為驚悚的行為偏差問題。

我沉默許久，看著這樣的內容：

「最近我的心情很煩，不知道怎麼搞的，總是想『死』，只要看到刀子或什麼的，就用手去割，看到血一直流，我愈高興。都覺得自己快活不下去這個又黑又暗又恐怖的世界，我總是心情不好就覺得：我是不是割手之後，等血流出來了，是不是心情就會比較好？因爲可以把不愉快的流掉。但我錯了，我割了之後，我的心情更不愉快，根本沒把不愉快的流掉，反而更煩。」

在下面，她還刻意留了「老師的話」的欄位，不知道這究竟是急切地盼望我的建議，還是她等著老師接招？說真的，看完了心很沉、很痛，同時更為了我捉摸不到她真正的想法，而感到沮喪。

這個問題實在是太嚴重了，其實我有些招架不住了。

不過我希望表達出我嚴正的立場，並且希望她能從這樣的情緒、這樣的習慣中跳脫。我一字一句，斟酌的寫著：**「問題要解決，才會快樂！割手只是逃避問題，事後仍得面對，當然不快樂了！你要學習如何去『解決』問題，安撫自己的情緒，而不是逃避！」**

所有的電視媒體不良示範、道德淪陷的社會問題，以及家庭功能喪失的家庭問題，全都匯集成即將引爆的不定時炸彈，反映在仍懵懂無知的國小學童身上。看在眼裡，其實心裡相當為她感到痛心與無助。該做的，大家都做了，黑臉、白臉、鼓勵、嚴格要求、口頭誇獎、同儕支持、社工輔導，能試的方法大家也全用上了，只是手上日漸增加的割傷痕跡，愈來愈令人不安，幾近瀕臨崩潰邊緣。

究竟有哪一扇窗，可以真正開啟她的心扉？

要如何開啟？

還來得及嗎？

被鐵鍊綑綁的女孩

逃學的孩子，又離家出走了，今天已經是第三天了。中午時，輔導主任找我，告訴我孩子已經找到了，現在被關在家裡，而且是被父親狠狠的用鐵鍊綁起來。

聽到這樣的消息，我十分震驚，直搖頭說：「怎麼可以這樣？」

輔導主任用反向思考的角度勸我：「最起碼孩子找到了，待在家裡沒有危險。」主任決定中午一點半到孩子家去探訪，我決定跟著去看看是怎麼回事。

下午一點半，我搭著學校輔導主任的車到了孩子的家，她的爸爸在樓下等待我們好一陣子了。她的父親滿臉無奈，看到我們，一副欲言又止的模樣。三個人杵在那裡十分的尷尬，最後，我們決定上樓去看看孩子，孩子的父親則留在一樓店面繼續張羅生意。

在店裡幫忙的女孩，是逃學孩子的乾姐姐，去年剛從國小畢業，由她引領我們上樓。穿越雜亂且有股異味的樓層，我們來到一間擺滿雜物的邊間，一邊是晾滿衣服的衣架，另一邊則是地上擺張床墊，逃學的孩子就睡在上頭。

她用一小床被子遮住身體，但卻遮不住另一端緊綁著暖氣機的鐵鍊。嶄新刺目的鐵鍊，看得出來是剛買的，磨在地上的匡啷聲，令人幾乎心碎。

房間很亂，幾乎沒有可以站立或坐下的地方，十四歲的乾姐尷尬的招呼著我們，要我們隨便坐，我只好坐在床墊上。逃學的孩子似乎剛醒，雜亂的髮型說明了她可能一夜沒睡。我坐在床邊，望著我的學生，「為什麼把自己弄成這樣呢？」我問著。

她的淚水在眼眶裡打轉。她開始掉淚，不發一語。

「還不是她自己愛玩造成的？」乾姐打破沉默，連珠炮的開始斥責起逃學的孩子。

「每次都說要改、要改，結果呢？人家不准她出去，她偏要出去，出去就算了，還好幾天不回來。」乾姐愈講愈生氣，氣得來回踱步。

「每次都這樣，我每次都幫你求情，但是能幫你幾次？現在我還會跟你說話喔，如果有一天我心死了，我連幫你我都不會。」大刺刺的話語，不像出自於十四歲少女，雖然刺耳，但卻是充斥著對她的憐惜與不捨。

「你沒回家的晚上，都上哪去了？」我問。

逃學的孩子開始說著她的故事：她和三男三女晚上外出，這些全是國中生，有的是中輟，有的則是已畢業、投入就業市場了。

有時，他們會騎著腳踏車四處遊盪，有時有人騎著機車載她們騎到清水兜風；一整夜她邊玩邊擔心，卻不願意回到她亟欲逃離的家，不願意獨自面對接踵而來的狂罵與痛毆，所以愈離愈遠，愈逃愈久。

她淡淡的說著，冷漠的臉上看不出來有什麼表情，旁邊夾雜的是乾姐刺耳的責罵聲。在這紛亂的小房間內，每個人的心都好沉、好沉。

不過在乾姐的刺耳責罵中，我聽到了一些重點：「每次都說別人不關心你，你有沒有想過，你小時候爸多疼你？不敢讓你在地上爬，衣服髒了就趕快幫你換掉，你呢？自己愛玩還怪別人，這全都是你自己的問題。」

原來這個家庭的相處方式，好像和我之前想像的不一樣。雖說家長的問題也是有的，但是現在浮現的最嚴重因素，卻是這個孩子本身的價值觀問題。

現在的這個孩子，將玩樂擺在第一位、喜歡狐群狗黨的朋友、無法忍受絲毫的約束、對家庭的每一位成員有某種程度的成見；最可怕的是，她沒有是非判斷的能力：沒有辦法判斷什麼是好朋友，沒有辦法判斷這樣做是對是錯，沒有辦法判斷這樣做會招致什麼下場，沒有辦法判斷自己的危險性，更沒有辦法判斷她正如何傷害著自己，也傷害著他人。

她身上的鐵鍊，是父母杜絕她再次離家出走的最後手段，是憤怒也好，是保護也好，但我也看到孩子內心的鐵鍊，用力將自己綑綁，沉重且冰冷的枷鎖將自己壓得喘不過氣來；而最終的原因，竟是無知！

等到主任、乾姐步出房門，我跟孩子談了好久。

教了她好多判斷是非的觀念，也教了她如何補救這件事的方法；但我更期待的是，她能真正認清自己的處境，以及想改變自己處境的決心。

突然，她吐出一句：「我想去上補習班。」

這是她覺醒的突破點，她開始會去思考該怎麼改變這一切，想要杜絕外力的誘惑，而真心的想要為自己成長好。

聽到這樣的說法，我淚眼朦朧，鼓勵她這個正向思考的發想，並和她約法三章，希望她能順利讀完國小、國中、高中，甚至是大學。我和她打勾勾發下了誓言，要為這個目標勇往直前，什麼誘惑、什麼挫折都不能動搖她的信念，她也含淚點頭應是。

我下樓，準備和她父親談他的處理方式，卻看到他滿是疲憊的臉上，出現了莫名的笑容。他說：「今天是我最高興的日子，因為我再也不用擔心我的孩子去哪裡了，再也不用擔心她會發生什麼危險了。」

弔詭的邏輯中，卻充斥著為人父母的牽掛與悲憐。孩子的母親因為日夜擔心，氣血攻心，也身體不適，臥床休息中。

明天，有草屯療養院的諮商師會來做協助，聽說是非常有經驗且專業的一位，並且會深入的進入她家，必要時會提出「家族治療」的建議，全家必須一起接受專業的心理治療。

我相信，過不了多久，孩子身上的鐵鍊還是會拿下來；我也衷心期盼，這個家庭每個成員心中的鐵鍊，能夠從另一個成員的手中，放下。

放心去飛

這段時間以來，逃學女學生陸陸續續發生了好多事，還來不及記錄，卻已到了畢業的時節。畢業前夕，我對全班每個孩子寫上一段自己的內心話，千頭萬緒，是我對逃學女學生最後的紛亂情緒。就如同我在她的留言中寫道：**「未來不管怎樣，千萬別放棄自己。」**也許，這是我最後能送她的一段話。

畢業當天，她身著一襲清涼細肩帶短裙，刻意打扮過。也許在她心中，畢業典禮是場走秀，或是一場歡樂的道別。別的老師紛紛走來跟我使眼色，那意味著：「你看，她怎麼穿得那麼辣？」我無語。

畢業典禮結束在即，我抱著班上的孩子，依依不捨的道別。

原本已經被惹得淚眼汪汪的我，一看到她紅著雙眼，給她個擁抱，我的心就一陣酸，眼淚再也止不住的落下了。

那是種相當紛亂的感受，這兩年來所有為她奔波的辛苦、為她迷途的擔憂，還有為她不放棄的堅持，全在那一瞬間閃過眼前；辛苦、無奈、擔憂、不捨，紛亂的情緒引得我情緒失控。我不知道她能感受到多少，只是，我真的盡力了；而現今的我，更擔憂著她未來無知的路該怎麼走？

懷裡的女學生，哭得像個淚人兒。實習老師遞過的面紙，早已被我倆沾濕。

孩子，也許，我該放你去展翅高飛！也許你未來的路，仍然一片茫然；但我卻渴望能點燃你心中小小的燭光！也許日後，能在你極需溫暖的時刻，期盼給予你一絲黑暗中的光明。

騷擾電話

暑假，我接到一些奇奇怪怪的電話，電話那頭隱約傳來一陣竊笑聲。

剛開始，我以為是畢業的學生，或是就讀幼稚園的乾女兒，打電話過來話家常。

可是這電話持續不斷打來，並且開始有怪異的粗俗答話聲：「喂，起床尿尿了！」

「你叫屁喔！」我當下有些惱怒，該不會是我新接的班級學生吧？教書這麼多年，沒想到竟然有學生會打電話來鬧。

這騷擾電話整整打了一個晚上。我心裡一個念頭：該不會是逃學女學生打來的吧？於是我打逃學女學生的手機，電話響了許久，終於她接起電話了。我說：「剛剛我接到一些打來騷擾的電話，是不是你打的？」她慌亂的辯解，但身旁那群吵鬧的夥伴洩了底，一聽就是他們的聲音。電話忽通忽斷，我接連打了幾十通，電話那頭的她開始胡言亂語：「我在家呀，我身旁的是表哥。」最後索性不接電話。

於是我打電話給她爸爸，她爸爸說：「她已經四、五天沒回家了，聽說都在網咖鬼混，我也管不了她了。不想讓她上國中了。老師，我真的一點辦法都沒有了。」

我只好無奈的向他表示今晚發生的情形，並且提醒他，女學生那群夥伴可能有吸毒，因為那情緒太亢奮，十分的詭異。並且請他轉告，如果女學生回家，請她和我聯絡，我想約她出來聊聊。她爸爸感激的道謝，匆匆的掛上電話。

再晚點，女學生的手機通了，她身旁一直有人在叫喊：「老師，你管太多了啦！」我對著她說：「你走到沒人的地方，我想要和你好好的講個電話。」

意外的是，她竟然照辦了！

我對著她說：「老師十分擔心你，你過得如何？別再和那些人混在一起了，你不是答應我你要變好、走上正確的道路嗎？回家吧。」

我的語氣十分沉重，電話那頭的她靜靜的聽著，不發一語。

這通電話，最後在旁人再度現身，而她匆匆承諾我要回家後掛斷。

我的心中焦急萬分，只是卻仍束手無策。

隔天下午，我打電話給她，又是旁邊夥伴接的電話，不過這回的語氣緩和，顯然亢奮情緒已退。他說：「她在睡覺，叫不起來啦！」我只能請他代為轉告，請她起床後打電話給我。

女學生的世界，已在我無法踏入的彼端。漫漫的暑假，令人心好沉。

新環境

其他孩子陸續回來學校找我，一提到逃學的孩子，他們又說了些他們在國中看到的一些畫面。大家的故事拼拼湊湊下來，我發現她在國中的表現時好時壞。

唉！畢竟一個人說要馬上變成聖人是難了些。上回她打電話請我幫她加強功課，結果竟然放我鴿子、失約未到。我想，她的上次缺席也不令人意外。

過了兩個禮拜，我差不多已淡忘了這件事了，電話那頭突然傳來她的聲音：「老師，我現在人在彰化。」

「彰化？為什麼？」我還來不及數落她，就被這個話題給吸引了。

她說：「因為我爸媽覺得我在台中，都會受到一些壞朋友的影響，所以很生氣就把我送來舅舅家。我現在和表姐一起上同一所國中。」

「你上次為何放我鴿子？」我半信半疑的問著。

「因為我隔天就被送到彰化了，我沒有手機，也沒有電腦。」

我靜靜的聽著她訴說現在的新環境，我已經弄不清這中間的故事，哪部分是真、哪部分是假。不過我大概釐清了她的現況：她現在人在彰化，已經去了兩個禮拜，那裡沒有電腦、沒有手機，也沒有壞朋友，有的只有純樸的鄉下生活。媽媽和大姐每個禮拜才會去接她回來，因此，要聯絡也十分不方便。

「那你自己覺得這樣好不好？你自己想去嗎？」

「嗯，我自己也想來彰化，因為我覺得這樣對我比較好。」

「好吧！」我相信這些事是真的，也真誠的祝福她，「這樣也好啦！換個新環境，對你是好事！沒有壞朋友的干擾，也許會有不同的作為，你也可以如願做你自己！」

於是，我又像個雞婆的老師，嘮嘮叨叨了一大堆。

新生活運動

星期天的午後，手機上顯示從逃學孩子家中的來電。電話接起，依然是那天真爛漫的聲音：「老師，是我啦！」

「嗨！最近好嗎？」其實她打電話的頻率，算起來不太稱得上是「稀客」，只是在這悠閒的午後接到她的電話，倒是令人詫異。

「我呀，最近過得很好，老師，我跟你說喔。」電話那頭，傳來孩子殷切的話語，顯然她有滿肚子的話想跟我說。「老師，我跟你說喔，我下禮拜要運動會，結果我們老師叫我參加兩百公尺比賽、八百公尺比賽，還有大隊接力耶！我跑那麼慢還叫我跑。」嬌嗔的話語之間，其實是可以聽得出來帶有相當興奮的語氣。

我笑了笑，說：「不會啦！你平常就跑得不錯，老師一定是看你有潛力，才叫你參加這麼多比賽。你可不要讓他失望囉！」

「嗯！」孩子回應著。

「老師，你知道嗎？這次我在我們班上考第二十名耶！」話題還沒結束，她又急著告訴我另一個得意的事蹟。「雖然我們班上只有二十三個人，但是我考第二十名。贏了三個人耶！」

這可是好事一樁，從來都只考全班最後一名的她，甚至有次還考全學年最後一名（因為缺考），沒想到振作起來，也能超越幾個同學。

「哇！很好！有進步！我在以前就覺得你其實很聰明，只要你願意去讀，其實是可以愈來愈好的！」

電話那頭傳來銀鈴般的笑聲。我接著說：「下一次，考個全班第十五名來給老師看，如何呢？

「嗯！」她答應著，接著又開始說著下禮拜五運動會補假，她想回來學校看我。

我在電話這頭，靜靜當個聆聽者，和她一起分享這些日子以來，她的所有喜悅與成長。對於她願意把我當成分享榮耀的對象，我的內心實在是十分的感動！

也許是換了個新環境，讓她改變了作息；也許是心中那顆種子漸漸發芽，她開始關注到自己的成長；也許是我每天在這裡偷偷寫著她，她也希望能從這裡讀到一絲的光明。不過，這新生活運動竟開始不停的運轉；而前方的光亮，也益發的清晰。

孩子呀，期許你每天能愈來愈好！懂得什麼才是自己的人生，懂得如何對自己好！

突飛猛進

今天收到來自逃學孩子的一則簡訊，我驚訝的發出一聲驚呼。

「老師，我跟你說喲！我好高興呢！我們班有二十三人，我在我們班上擠到第十六名呢。」

上回和她電話聊天，她就曾提到她在班上的考試成績有進步，還贏了三位同學。我則是鼓勵她再多加油，看看能不能考到前十五名。沒想到，這次她考了個第十六名。

我想，這意義對她而言實在非凡。

她從以往不重視課業，變成能躋身全班的中間名次，除了證明了自己的能力之外，我還看到的是，她有決心面對自己。這中間的心路歷程，更著實令我佩服！

我回覆了她這樣一則簡訊：「看了你的簡訊，老師好高興！我看見了你，除了證明了自己的能力，更證明了自己的決心，決心徹底改變自己！老師很期待你能繼續向前衝，挑戰自己的極限！」

故事結束了嗎？當然沒有。這個孩子的成長，正一頁一頁寫著。雖然未來的變化還很難說，但是我的內心卻是感動莫名、澎湃萬分！

誰說這種孩子只能放棄？也許未來的路崎嶇難行，也許現在孩子仍走在晦暗不明的路上，但是我仍不願放棄的堅持著：**只要我們有心，這種孩子肯定是有救的！**

父母SOS

編按：「父母SOS」是老ㄙㄨ部落格上的熱門單元，許多家長在面對親子溝通時，出現極大的問題，希望獲得一些建議，老ㄙㄨ也希望有更多的網友一同參與討論，所以開放成討論的形式，我們特別摘錄一些內容。若家長有任何教養問題，也歡迎至「老ㄙㄨ的部落格」一同討論。

「老ㄙㄨ的部落格」http://blog.roodo.com/oldsu0/

買漫畫書可以嗎？

因為我是做服飾業，比較沒空陪小孩，以後我會盡量抽空陪他買書、看書，但不知道買漫畫書好嗎？

還有再請教一下，我兒子經常會跟別校的學生去網咖，聽說裡頭好像還有國中生？我講道理給他他也不聽，真不知道怎麼辦才好？

A

您好：

漫畫是不是一份好的讀物，其實見人見智。我小時候就是因為有漫畫和卡通的陪伴，所以我的思慮，就比較能以孩子的觀點做出發。不可否認的，漫畫帶給我豐富且有創意的視野。

但是如果您把漫畫當成是孩子的學習教材，我個人是覺得有些問題。畢竟漫畫的類型，只是引發孩子學習興趣的一個入門罷了。若孩子一直習慣於漫畫教材的閱讀，習慣了視覺上的娛樂刺激，要他再回過頭來看文字量大的書，就會覺得吃力，也會顯得興趣缺缺。

此外，漫畫的內容五花八門，選取上應該多加思量。書本的題材與內容，會影響孩子很多是非價值觀的建立，反倒是我們該去仔細留意的部分。

建議您不妨從一些經典的繪本開始，帶領孩子進行圖與文字的有趣世界，再慢慢帶入文字量多的書。親子可以一起共同培養，這也是孩子能否培養閱讀習慣的關鍵！

至於去網咖，是孩子變壞的警訊。若不能讓他明瞭「玩物喪志」的道理，後續的不良行為將陸續出現，請您務必快些進入孩子的心才行。

孩子坐不住，上課動來動去的，怎麼辦？

請問老ㄙㄨ老師，我的小孩是國小五年級男生，上課都坐不住，不是跟同學講話就是動來動去，老師處罰也沒用，改不過來。

我很頭痛，看到你的班上同學都很聽話，請問你用什麼方法？

A

您好：

孩子因為沒有耐性，所以一刻都靜不下來，這樣不僅影響到老師的教學，同時也會影響到孩子自己本身的學習。缺乏專心的學習，所得到的學習成效也不會太深入。

我想，這必須從孩子的「靜態學習」與「耐性」來開始要求。

想請問您的孩子是否有閱讀的習慣呢？如果讓他在家能多閱讀課外書籍，培養閱讀習慣；並且和他一起進行親子共讀的美好時光，孩子就會開始慢慢進入靜態的學習領域中。其他的靜態學習，包括：寫書法、畫畫、學習音樂……長期下來，當孩子領略到靜態學習的樂趣時，該安靜他即會安靜下來。

至於培養孩子的耐心，這必須要讓孩子的作息有規律性。每天晚上和他溝通後訂出明確的時間，幾點到幾點是他自己的學習時間，這時候就該坐在自己的座位上，專心的做學習類相關的活動；即使是功課完成了，也該自己規劃接下來要做些什麼樣的學習活動。等到當天的學習時間結束後，才是他自己可以運用的休閒時間。

父母親若能陪在身邊，也跟著做一些學習類的活動，對於孩子而言，是相當好的身教示範。例如：父母也能在一旁閱讀，並且隨時提醒孩子在學習時不耐煩的態度。這種即時的提點，是能有效逐步培養孩子耐性的好方法。

這些回答只是些建議，孩子的改變不是只在瞬間，需要你我相伴，長時間的鼓勵與檢視。只要有心，相信孩子的狀況是會有所改善的。

孩子作弊怎麼辦？

老ㄙㄨ老師您好，我是個家庭主婦，我常看你的網站，這是我第一次留言。

我想請老師幫忙指導我教兒子，我兒子現在讀國三，他動作很慢，但是每天考試很多。我沒有逼他功課，也有向他說只要盡力就好，身體顧好比較重要，分數考不好沒關係。大不了，以後讀私立學校或職業學校……

可是上學期跟前天，他的老師跟我反應：我兒子在平時考作弊，跟同學互改考卷，他偷寫答案和偷改成績，老師發現後要記他過……

我很生氣，但是我罵他也沒用，他說因為怕成績太差，不想讓我難過才作弊的。我很難過，老師說他長大會犯大錯；我也罵他說，再這樣惡性不改，以後會坐牢。

他一直哭，我不知道要怎樣才能幫他改掉壞毛病。請老師教我，謝謝！

您好：

看得出來，您對孩子的用心良苦，平時的諄諄教誨有收到成效，否則您的孩子現今不會如此難過。

在孩子的學習過程中，難免會犯錯；如果他是因為怕您難過而去作弊，那更是情有可原。您不妨看在他一片心意上，放寬心，畢竟他只是用錯了方法。

在教養孩子的過程中，應該關注的，不是孩子為什麼會犯錯，而是當孩子犯錯時，他是否得到應有的教訓；並且從這次的教訓中學到重要的人生課程，一輩子都不可忘記。如此從錯誤中學到的寶貴一課，有時比我們每天耳提面命還來得有成效些。

您不妨與他多聊聊：他在這件事過後，心情如何？文學到什麼教訓？該如何謹慎而行，小心別再犯了？並且日後該如何靠自己的能力，去獲取好成績呢？……

和孩子真誠的面對面溝通，並且以一些親子間的親密動作，做為彼此交心的相互約定（例如：與他打勾勾互相約定……）。相信您的孩子會在這種信賴的歷程中，重新站起的。

我小孩交到壞朋友，一直翹家，怎麼辦？

我小孩交到壞朋友，一直翹家，學校已經好久沒去了。我好痛苦，但沒有用。我要怎樣教他，他才會回頭？請老ㄙㄨ老師幫我！

您好：

您的孩子發生的事，跟我之前班上逃學的學生有些類似，我花了整整兩年，才讓他願意開始轉變。看到您的孩子發生這種事，真令人感到不捨。

青少年發生逃學、翹家的情形，這其中的原因是很複雜的，不是父母的三言兩語、叫他變好就會變好的！尤其在青少年的世界裡，同儕的力量，遠超過父母，也大於學校；所以他們願意選擇沉淪，反正只要有朋友一起作伴就可以。

我想，您還是得多尋求各方的協助。首先是在他的學校方面，孩子對學校失去信任，因此不願回到學校，所以，如果可以的話，試著尋求學校的協助，安排找到一位輔導老師，甚至是願意協助的班導師。這位老師，必須是願意付出與長期協助的熱心老師，幫您在學校持續給孩子溫暖。這位老師的關心，將有助於讓您的孩子有動力開始上學。

其次是家庭部分，不可諱言的，家庭教育的功能失調，才會造成孩子如此想遠離這個家。這在整個家庭、每一份子，包括您在內，都有自己看不見的問題與盲點，而不能單看孩子的問題。

所以您得整個家庭，都帶去做「家族治療」，有些心理治療師都有開這種課程。必須去診斷這整個家庭，究竟是哪個環節出了問題；同時，這個家庭的每一份子，都得要全力配合，一起改善家中的情緒、一起幫助每個人擺脫舊式的思維與習慣。

您還要做到，用您的「等待」，做為他心中最不捨的牽絆。這等他回家、等他願意改變……的過程，是相當漫長的。您得用您的愛，讓他感受到，並且讓他感動。給他多一點時間去整理自己思緒，讓他自己沉澱思緒什麼是對他最好的；孩子受到感動了，也許會想要回家。

期盼您與孩子的重新站起！

我不想讀書！

老ㄙㄨ，我不想讀了！沒有讀書會死嗎？學校課本版本超多，哪讀得完？老師又機車，有講沒有懂，我恨死考試了！

阿呆：

以我們現代人讀書的方法，其實說真的，每個人都過得不太快樂！因為去學校讀書，除了要背一大堆東西，又要考一大堆試之外，老師又罵得凶，我想，應該沒有幾個人能樂在其中；包括以前的我也是這樣認為……

不過，換個角度想，任何一位成功的人其實都知道：「讀書」只是一種工具，讓我們能夠站在比較好的位置的一種工具。於是為了我們更好的未來、更好的夢想，再痛苦、再辛苦的歷程，也都得撐過去。因為畢竟未來是自己的，不是別人的，我們自己得更努力去經營才行！做什麼事也都是一樣，做學徒、學技藝、學修車、學木工、學修電腦……，哪一樣不是得經過辛苦的學習過程？我們必須以辛苦，但認真的學習態度，來面對所有的事情！

阿呆讀書讀得很辛苦，老ㄙㄨ其實都知道，因為老ㄙㄨ的許多學生，現在也在辛苦的念著書。看著他們被升學壓力壓得喘不過氣來，我總是覺得好心疼！

但是老ㄙㄨ無法告訴阿呆，說：「算了，別念了！」相反的，老ㄙㄨ還是希望阿呆勇敢去面對這些，而不是選擇放棄！

老ㄙㄨ有個名言：「不要還沒有得到之前就宣告放棄，那代表的是你被放棄了！

真想要放棄，那要等到你努力過、終於得到了那份榮耀時，再瀟灑的大聲宣告說自己要放棄！」

不過真到那時候，還有誰會想要放棄呢？

Q 孩子懶惰又任性要如何校正？

請問ㄙㄨ老師，孩子懶惰又任性，打罵都沒用。反正就是我行我素，那要怎麼辦？也有哄過、買禮物、給獎勵金，但都沒用！

您好：

您辛苦了！看來您的恩威並施並沒有達到效果，想必孩子一定令您十分的頭痛。

不過這問題仍得回到原點——您和孩子之間並沒有達到深層的溝通。您的親子溝通只停留在「表面的溝通」，因此您實施打罵教育，反而造成孩子內心的反抗；實施獎勵制度，卻也造成孩子以物質來衡量父母說的話。

反之，所謂的「深層的溝通」，是您懂孩子在想什麼，孩子也懂您的想法。親子之間達到深層的溝通，是彼此有種深深的喜悅感，是有種甜甜的感動，是有種淡淡的不捨。如果達到深層的溝通境界，只要一句話，甚至是一個眼神，孩子都懂。

說得好像挺玄的，如何達到呢？其實也不難，不過就是站在孩子的角度來看事情！回想我們小時候，會希望父母怎麼做？小時候的我們，又是如何看待我們的父母的呢？用這種想法來面對孩子，是踏出的第一步。

其次就是讓親子之間有親密感。一些親密的動作、溫柔的言語與誠心的讚美，相信會有助於親子之間的關係改善。

同時，也得讓孩子知道父母的用心。不過這可不是強迫性的、說教性的，是「偷偷」讓他自己發現父母的辛苦與用心。等他受到感動，自然願意配合父母的要求。

再回到問題源頭，打罵教育，其實是不太恰當的，只會讓親子關係更加的惡化。而獎勵教育，更只會讓孩子覺得「凡事都是有代價的」、「凡事都是為了父母而做的」；過於物質的教育方式，孩子只會更加的不懂感恩，反而疏遠親子之間的關係。

孩子的任何偏差行為，其實都是在反應我們自己的缺失（這我當老師也深深體會到這點）。要改變孩子之前，我們自己也得去反省我們自己：孩子這樣偏差行為，是我哪裡沒有做好？是我疏忽了什麼，而造成了這樣的結果呢？

從大人的身上找答案，我想是最快，也是最有效的方法。您覺得如何呢？

Q 小孩說謊，要不要處罰？

如果小孩說謊，要不要處罰？我想聽聽老ㄙㄨ的意見，thanks！

A 您好：

說謊當然是要「處理」（在這裡，我用的是「處理」而不是「處罰」）！如果不處理，孩子說謊成習慣，要改變他的偏差行為就挺困難的了。所以孩子發生說謊的行為時，一定要在第一時間內就要處理好。

不過在教育上，我們比較重視的，是「孩子為什麼會說謊」。

通常孩子會說謊，是因為孩子感受到「被威脅」的情況下，為了保護自己，不得已只好說個藉口來讓自己免於受罰。

例如：他忘了寫作業，說忘了帶回來，是因為他怕被罵；他偷了錢，說不是他拿的，是因為他怕被打；他打破東西，說不是他做的，是因為他怕被處罰……。說謊是有原因、有來龍去脈、有前後因果關係的，若沒有切身的危險，孩子大可以不說謊。

所以我們要關切的，是什麼原因使他說謊，而非說謊這個結果。

也許事情發生了，你可以溫柔的說：「東西打破就算了，你人有沒有受傷？嗯，這次你處理得很好，還會把地上掃乾淨。」這樣的說法，讓孩子沒有威脅性，自然會誠實面對過錯，而不是用說謊來處理事情。

第一次說謊的孩子，和有多次說謊前科的孩子，處理方式也不同。前者我們該教他如何去面對過錯的勇氣；後者則是要回過頭檢視我們自己。也許我們會為了孩子說謊而火冒三丈，但我們真的反省過自己：是不是給孩子太大的壓力了？孩子真的那麼怕因犯錯而受到處罰嗎？

若我們塑造一個安全的空間，讓孩子誠實面對過錯，而不會受罰；肯定他能承擔過錯的勇氣（例如：華盛頓砍倒櫻桃樹），那麼說謊出現的機率就會微乎其微了。
最後，別忘了教孩子如何去處理善後。要教他先處理事情，不說謊，並道歉！如果他能做到這些，我們何氣之有呢？相反的，還高興的不得了呢！

Q 小孩頂嘴怎麼辦？

老ㄙㄨ你好，我覺得你講得很對，小孩要多陪一陪他。可是小孩一對他好，就講不聽了。我常給我兒子氣個半死，他好愛頂嘴！

您好：

頂嘴未必是件不好的事情，這代表你的小孩有自主性、能獨立思考、具有批判能力、同時不會隨波逐流……

其實我們在面對孩子時，往往會用自己心中的尺來衡量，孩子在表達他們的想法時，我們聽不順耳，就會覺得是「頂嘴」。

面對孩子的話語時，其實我們首先要做的是「接受」，先站在孩子的立場來想他的理由。

例如：孩子總會吵著看電視，並且會說「為什麼你們大人可以看？」站在孩子的立場來想，這確實是沒錯，為什麼大人可以，小孩就不行呢？

於是我們得先放下「小孩就是愛頂嘴」的刻板印象，先同意他說的，先修正了自己的行為，然後再與他溝通為什麼爸媽要這麼限制他。

這「接受」並不代表是種「妥協」或是「接受孩子錯誤的想法」，而是先聽聽他怎麼說。

溝通其實是互相尊重的，我們傾聽的態度愈真誠，孩子就會愈願意聽我們所要表達的道理。

我們不是很氣我們話講到一半，就被別人誤會了嗎？我們寧願對方好好聽我們怎麼說，然後我們也會好好聽對方怎麼說。

同理可證，孩子的頂嘴，其實我們也得好好聽聽，否則等到有一天他再也不願意說了、再也不願意挺嘴了，親子關係也就沒有挽回的機會了！

只是「傾聽」這功夫挺難的，我們往往容易氣急敗壞，而放棄去聽孩子怎麼說。能不能真誠的傾聽、傾聽能不能發揮功效，這就得看我們父母們努力了多少了！

怎樣讓小孩體諒單親父親的辛苦？

老ㄙＸ老師，我是在朋友的電腦上看見你的網路讀書會，也連到你的網站去看過，看見你對小孩子很用心，真是了不起！感覺你很年輕，但是有很多愛心。

我是個單親家庭的爸爸，我真的很累。我的大兒子很乖，目前高中半工半讀，不需要我操心；但小兒子今年國二，一天到晚蹺課，打罵也沒用。

我自己也只有讀到國中畢業，但我會在下工時看一些書，我表達能力也很差，不知要怎樣讓老二變乖？

可不可以給我一點意見？

您好：

現代的孩子，物質享受無虞，因此不懂感恩的心，是常有的事。不過若不能快些和孩子做深層的溝通，這個孩子的未來是挺令人擔憂的。

您和孩子之間處得不好，主要是因為陪伴孩子的時間過少，因此孩子選擇翹課，在外頭尋找價值感。他不在乎功課，因為沒有面對未來的憂患意識。

反過來說，若你能多陪陪孩子，重新建立起親子的互動，是有幫助的。同時，試著讓他認清他自己的定位，或是現在家庭的生活處境，也許事情會有轉機。

也許，你可以帶著他一起到工地去，陪著你工作；或是在一旁看著你，讓他知道父親工作是相當辛苦的；也讓他感受到父親正以勞力，來換取生活上的金錢，父親是何等的偉大。

也許因為看到父親這樣默默的付出，會讓他對自己的生活態度有所警惕，而有助於開啟你們父子的溝通。

你也可以帶著他，一同去圖書館看書。讓他知道，父親雖然教育程度不高，但是熱愛閱讀。和他一起討論書本的內容，也是親子互動相當好的方式。

另外，你也可以寫信給他。既然覺得表達能力不好，就用寫的。讀信的人，是會感受到寫信人筆觸中的真誠情感。如果孩子感受到父親的真誠心意，溝通的大門自然而開！

希望這些建議能有所幫助，也祝福你們的父子關係能有轉機！

國家圖書館預行編目資料

希望教室：教孩子一生最受用的36種能力／蘇明進.--初版.--臺北市：寶瓶文化，2009.01
面； 公分.--(catcher；24)
ISBN 978-986-6745-56-0(平裝)

1.親職教育 2.德育
528.2 97024228

catcher 024

希望教室——教孩子一生最受用的36種能力

作者／POWER老師・蘇明進
副總編輯／張純玲

發行人／張寶琴
社長兼總編輯／朱亞君
資深編輯／丁慧瑋　編輯／林婕伃・周美珊
美術主編／林慧雯
校對／張純玲・陳佩伶・余素維・蘇明進
業務經理／黃秀美
企劃專員／林歆婕
財務主任／歐素琪　業務專員／林裕翔
出版者／寶瓶文化事業股份有限公司
地址／台北市110信義區基隆路一段180號8樓
電話／(02)27494988　傳真／(02)27495072
郵政劃撥／19446403　寶瓶文化事業股份有限公司
印刷廠／世和印製企業有限公司
總經銷／大和書報圖書股份有限公司　電話／(02)89902588
地址／新北市五股工業區五工五路2號　傳真／(02)22997900
E-mail／aquarius@udngroup.com

法律顧問／理律法律事務所陳長文律師、蔣大中律師
如有破損或裝訂錯誤，請寄回本公司更換
著作完成日期／二〇〇八年八月
初版一刷日期／二〇〇九年一月六日
初版三十四刷日期／二〇一八年十一月十五日
ISBN／978-986-6745-56-0
定價／三〇〇元

愛書人卡

感謝您熱心的為我們填寫，
對您的意見，我們會認真的加以參考，
希望寶瓶文化推出的每一本書，都能得到您的肯定與永遠的支持。

系列：Catcher024　**書名：希望教室——教孩子一生最受用的36種能力**

1. 姓名：＿＿＿＿＿＿　性別：□男　□女
2. 生日：＿＿年＿＿月＿＿日
3. 教育程度：□大學以上　□大學　□專科　□高中、高職　□高中職以下
4. 職業：＿＿＿＿＿＿
5. 聯絡地址：＿＿＿＿＿＿＿＿＿＿＿＿

   聯絡電話：＿＿＿＿＿＿　手機：＿＿＿＿＿＿
6. E-mail信箱：＿＿＿＿＿＿＿＿

   □同意　□不同意　免費獲得寶瓶文化叢書訊息
7. 購買日期：＿＿年＿＿月＿＿日
8. 您得知本書的管道：□報紙／雜誌　□電視／電台　□親友介紹　□逛書店　□網路

   □傳單／海報　□廣告　□其他
9. 您在哪裡買到本書：□書店，店名＿＿＿＿　□劃撥　□現場活動　□贈書

   □網路購書，網站名稱：＿＿＿＿＿　□其他＿＿＿＿
10. 對本書的建議：（請填代號　1.滿意　2.尚可　3.再改進，請提供意見）

    內容：＿＿＿＿＿＿＿＿

    封面：＿＿＿＿＿＿＿＿

    編排：＿＿＿＿＿＿＿＿

    其他：＿＿＿＿＿＿＿＿

    綜合意見：＿＿＿＿＿＿＿＿＿＿＿＿
11. 希望我們未來出版哪一類的書籍：＿＿＿＿＿＿＿＿

讓文字與書寫的聲音大鳴大放

寶瓶文化事業股份有限公司

（請沿此虛線剪下）

寶瓶文化事業股份有限公司　收

110 台北市信義區基隆路一段 180 號 8 樓

8F,180 KEELUNG RD.,SEC.1,

TAIPEI.(110)TAIWAN R.O.C.

（請沿虛線對折後寄回，謝謝）